Dr. Gabriele W. Tenfelde

Mutig das Leben verändern

Autorin und Herausgeberin Dr. Gabriele W. Tenfelde
Verlag Grote Verlag Hamburg
Gestaltung inkl. Titel Grote WerbeKontor, Hamburg
Herstellung BoD GmbH, Norderstedt
ISBN Nr. 978-3-9809049-4-0

Dr. Gabriele W. Tenfelde

Mutig das Leben verändern

GROTE Verlag Hamburg

Geleitwort Dr. med. György Irmey

„Nicht leben wie zuvor, sondern leben wie nie zuvor."
Prof. Rolf Verres

Tag für Tag werden unzählige Menschen mit der Diagnose einer Krebserkrankung konfrontiert. Im Grunde genommen ist es vom ersten Augenblick an entscheidend, wie Betroffene mit dieser Situation umgehen, die zunächst als Schock empfunden und von Angst oder gar Panik geprägt ist. Mit der Krebsdiagnose beginnt für die meisten Patienten auch eine vielschichtige Suche: nach der geeigneten Therapie, nach der Ursache und auch nach der Sinnhaftigkeit der Erkrankung. Es ist die Zeit der brennenden Fragen und widersprüchlichen Antworten. Sind Empfehlungen der Fachleute untereinander schon oft sehr unterschiedlich, hat man selbst seine liebe Not damit, Kopf und Bauch in Einklang zu bringen.

Angst ist der direkte „Gegenspieler" des Mutes und eine Begleiterscheinung der Erkrankung, die im Umgang mit dem Thema viel zu wenig beachtet wird. Im Zusammenhang mit therapeutischen Entscheidungen oder der Einschätzung des Krankheitsprozesses wird diese im Hintergrund ständig anwesende Emotion häufig ausgeklammert und verdrängt. Mit Mut und Zuversicht kann einerseits so Vieles im Menschen aufgebaut, mit Angst und Ungewissheit andererseits so viel in Frage gestellt oder zerstört werden. Eine überwältigende Last von offenen Fragen, die die Krebserkrankung für die meisten Menschen mit sich bringt, werden in der Medizin und Öffentlichkeit genutzt, um massiv Druck auszuüben, und missbraucht, um mancherlei unseriöse Geschäfte zu machen. Verzweifelt sucht man als Patient nach einer objektiven Wahrheit.

Es kann aber nicht nur darum gehen, die richtigen therapeutischen Entscheidungen zu fällen, sondern es gilt auch, die persönliche Einstellung zum Leben und zur Krankheit zu hinterfragen. Für viele dieser Betroffenen sind Frauen wie Gabriele Tenfelde von größter Bedeutung und eine Unterstützung, da sie mit ihrem Heilungsweg andere von der Krankheit Betroffene motivieren können und Mut machen, die Hoffnung auch in schwierigen und mitunter als aussichtslos empfundenen Situationen nicht aufzugeben. Es ist so unendlich wichtig, den vielen negativen Informationen, die im Zusammenhang mit der Erkrankung auf die Betroffenen einstürmen, positive Impulse entgegen zu setzen. Ankerpunkte sind wichtig, wo Betroffene für sich tätig werden können, um nicht nur die richtige Therapiestrategie zu entwickeln, sondern auch der inneren Stimme oder dem inneren Arzt mehr Bedeutung beizumessen. Die Selbstheilungskräfte werden in ihren Möglichkeiten von der Medizin unterschätzt. Dabei liegt in ihnen ein Potential, das bei weitem nicht ausgeschöpft wird. Vertrauen zu entwickeln in eine Therapie oder zu einem Therapeuten ist für die Aktivierung der körpereigenen Heilkräfte manchmal wichtiger als die Suche nach immer neuen oder vielfältigeren Möglichkeiten der Behandlung. Ohne den Sonnenstrahl von innen kann kein therapeutischer Samen wachsen.

In diesem Sinne wünsche ich dem motivierenden Buch von Gabriele Tenfelde viele Leserinnen und Leser, die daraus neuen Mut und Hoffnung für die Bewältigung ihrer Erkrankung schöpfen können.

Herzlichst

Ihr

Dr. med. György Irmey

Ärztlicher Direktor der Gesellschaft für Biologische Krebsabwehr in Heidelberg

Vorwort

Dieses Buch schrieb ich zwölf Jahre nach meiner Erkrankung an Brustkrebs. In diesen zwölf Jahren machte ich mich auf den Weg zu mir selbst zu finden. Darüber habe ich zugleich die Überwindung der Krankheit erkannt. Ich wollte auch den Entwicklungen, die mich vom Leben und meiner Gesundheit entfernten, auf die Spur kommen. Heute bin ich mir sicher, dass diese Entwicklungen von meiner inneren Einstellung zu Krankheit und Gesundheit, meinem Platz in der Familie, meiner Art zu leben und zu arbeiten sowie meinem Umgang mit meiner Partnerschaft beeinflusst wurden.
Darüber möchte ich berichten.

Auf diesem Weg habe ich Einsichten in psychotherapeutische Hilfen bei Krebserkrankungen gewonnen, teils durch Aus- und Fortbildung, großenteils aber auch in meiner beruflichen Tätigkeit als Lebensberaterin in eigener Praxis. Mit meinen Einsichten und Erfahrungen möchte ich alle an Krebs Erkrankten ermutigen, ebenfalls ihren eigenen Weg zu gehen. Deshalb habe ich allen Kapiteln dieses Buches Beispiele für Visualisierungen angehängt, mit denen nicht nur krebskranke Leser und Leserinnen an sich und ihrer Gesundheit arbeiten können.

Ich hoffe damit auch denen, die mir in den vergangenen zwölf Jahren Vertrauen geschenkt und denen ich als Lebensberaterin habe helfen können, etwas zurückzugeben.

Hamburg im Mai 2008
Dr. Gabriele W. Tenfelde

Mutig das Leben verändern

Mitunter spüren wir spontan, wie wichtig es wäre, uns und unsere Beziehungen zu anderen Menschen zu verändern. Doch dann überrollt uns wieder der Alltag. Wir laufen Ansprüchen an uns hinterher, machen das, was von uns erwartet wird und vergessen uns dabei selbst. Dann ist die Zeit für Veränderungen noch nicht gekommen.

Doch dann werden wir von Krankheiten überrascht. Wir erfahren jetzt unausweichlich, dass wir uns verändern müssen, wenn wir wieder ins Leben zurückfinden wollen. Dies ist mir widerfahren. 1995 erkrankte ich an Brustkrebs.

Diese Krankheit allein stellte schon einen tiefen Einschnitt in mein bisheriges Leben dar. Mir wurde aber auch klar, dass ich es nicht dem Schicksal überlassen wollte, mein Leben zu verändern. Ich wollte mich verändern und entscheiden, wie ich wieder ins Leben zurückfinde. Ich selbst wollte „meine Melodie singen“ und dafür auch den Mut aufbringen.

Der Mut kam jedoch nicht von allein. Ein Buch des amerikanischen Onkologen O. C. Simonton hat mir geholfen mutig die Veränderung meines Lebens anzugehen. Er schreibt:
„Die Genesung von Krebs erfordert aber eine grundsätzliche und dauerhafte Umstellung. Im tiefsten Sinne ist die Heilung von Krebs die Heilung Ihres Lebens, und das ist ein langfristiges Unterfangen, nicht etwas, das man über Nacht erledigen kann“
(Simonton 1993, S. 153)

Eine Heilung geht nach Simonton einher mit einer Lebenswende, in der Veränderungen auf körperlicher, geistiger und spiritueller Ebene in einem neuen Gleichgewicht erfahren werden *(vgl. Simonton 1982)*. Das Buch hat mir zudem angezeigt, in welchen Richtungen ich an mir arbeiten und wie ich mich verändern kann.

Mir wurde bewusst, dass sich durch meine Krankheit auch meine Grundhaltung zum Leben wesentlich veränderte. Ich war es bisher gewohnt, sehr genau zu überlegen, was ich wollte, wie ich es haben wollte, und was ich tun müsste, um es auch tatsächlich zu bekommen. Wenn ich einmal nicht erfolgreich war, verdoppelte ich meine Anstrengungen und war mir fast immer sicher, letztlich dann auch Erfolg zu haben. Diese Grundhaltung zum Leben veränderte sich mit der Krebserkrankung. Ich hatte diese Krankheit und keine Vorstellungen davon, wie ich mich von ihr wieder befreien konnte. Ich musste das, was mir das Leben geschickt hatte, annehmen und aufmerksam beobachten, was mir das Leben damit zeigen wollte. Das war neu für mich. Ich wurde zur Schülerin des Lebens.

Mit der Erkrankung habe ich mich auch häufiger selbst beobachtet. Mir fiel dabei auf, wie negativ und streng ich mir gegenüber eingestellt war und wie ich mich immer bemühte, es anderen recht zu machen. Das, was ich wollte und was zu mir passte, kam in dieser Grundhaltung zum Leben kaum vor. Hierzu musste ich meine inneren Einstellungen grundlegend verändern.

Krebserkrankungen dringen tief ins Innere ein. Sie besetzen Gedanken und Gefühle. Sie erzeugen Ängste und wecken Hoffnungen, stimmen euphorisch und hinterlassen Verzweiflung in einer bisher kaum erfahrenen Intensität. Um in Kontakt zu meinen Gedanken und Gefühlen zu bleiben, habe ich versucht diese in inneren Bildern darzustellen, sie sichtbar zu machen und ihr Zusammenwirken, so wie ich es in mir erlebte, aufzuzeigen. Ich habe gelernt die Bilder meines Unterbewusstsein zu visualisieren und spürte dabei auch, dass ich mich entspannen konnte. In der Entspannung fand ich zeitweilig auch die nötige Distanz zu meiner Krankheit und den Mut an meine Gesundheit zu glauben. Ich durfte erfahren, wie in der Visualisierung Hoffnungen entstehen, Bezüge zum eigenen Körper wieder aufgenommen werden, und die Zuversicht gestärkt wird, so an der eigenen Gesundung mitzuarbeiten und darüber die Selbstheilungskräfte aktivieren zu können.

Dennoch schien ich auch vor unlösbaren Schwierigkeiten zu stehen. Ich versuchte mir dann klar zu machen, dass ich diese Schwierigkeit nur als Hindernisse sehe, die sich mir auf dem Weg meiner Gesundung entgegenstellen. Allmählich lernte ich jedoch die Schwierigkeiten auch als Chance anzuerkennen, als eine Lern- und Entwicklungsaufgabe zu begreifen, die auch mein geistiges Wachstum befördern und mich auf meinen Weg zurück ins Leben bringen kann. Für mich ging es darum, die Schwierigkeiten der Erkrankung auch als Möglichkeiten zu meiner Gesundung zu erkennen.

Dieser Teil der Hinweise Simontons auf eine Genesung vom Krebs bereiteten mir anfangs die größten Schwierigkeiten. Ich war so stark in meiner Situation als Krebskranke befangen und auch innerlich davon überzeugt, dass es nur darum gehen könnte die Krankheit zu besiegen, dass ich große Mühe hatte, mir eine andere Vorstellung vom Umgang mit der Krankheit vorzustellen. Dies gelang mir nur in kleinen Schritten. Letztlich ging es dabei aber doch immer um die Frage: Was willst du nun erreichen und wie musst du dich verändern, damit du erkennen kannst, dass das Leben es gut mir dir meint?

Meine Antwort auf diese Frage kann ich heute in vier Grundsätzen zusammenfassen:

- Ich musste den Mut aufbringen eine Schülerin des Lebens zu werden.
- Ich musste meine Einstellungen zu mir grundlegend verändern, damit ich lernen konnte, mich selbst zu lieben.
- Ich durfte meine Selbstheilungskräfte erkennen, sie unterstützen und ihnen vertrauen, damit auch sie mich auf dem Weg meiner Gesundung unterstützen.
- Ich durfte lernen, in meiner Erkrankung nicht nur Hindernisse auf dem Weg zur Gesundung zu erkennen, sondern auch Chancen für meine Entwicklung entdecken.

Diese Prinzipien habe ich nach meiner Gesundung auch zur Grundlage meiner Tätigkeit als freiberufliche Lebensberaterin in eigener Praxis gemacht. Auch über die Anwendung der Prinzipien in meiner Arbeit mit krebserkrankten Menschen werde ich deshalb in diesem Buch berichten und allen Betroffenen Mut zur Veränderung machen.

Ich bin so dankbar für meinen Weg, den ich gehen durfte.

Mein Leben neu entdecken

Vom Problem zur Entwicklungsaufgabe

Probleme können sich immer und überall ergeben. Wir erfahren sie im alltäglichen Zusammenleben mit der Familie, in der Berufsarbeit oder in der Partnerschaft. Mitunter haben wir auch Probleme mit uns selbst.

Probleme erfahren wir als widerständig. Sie stellen sich uns in den Weg, wenn wir auf etwas, das wir erreichen wollen, lossteuern. Probleme sind lästig, ärgerlich und eigentlich überflüssig. Ihre Bearbeitung und Lösung kostet uns nur Zeit und Kraft, die wir lieber für vermeintlich wichtigere Dinge einsetzen würden.

Ich kann Probleme aber auch mit einer anderen Grundhaltung betrachten, wenn ich mich frage: Welche Möglichkeiten bietet mir das Problem an? Dann nehme ich eine andere Sichtweise auf das Problem ein. Es wird von einer lästigen Begleiterscheinung meines zielgerichteten Handelns zur persönlichen Chance für neue Erfahrungen und für neue Entwicklungsschritte.

Pro-blem bedeutet „für mich“. Jede Sichtweise auf meine Probleme wirkt deshalb so auf mich zurück, wie ich auf das Problem schaue. Mit meiner Problemsicht sende ich eine spezifische Schwingung aus und erhalte die dazu passende Schwingung auch wieder zurück. Wenn ich nur in Problemlösungen denken kann, bekomme ich im günstigen Fall die Auflösung des Problems zurück. Damit hat sich aber auch das Problem als meine Entwicklungsaufgabe, die mir das Leben geschickt hat, verflüchtigt.

Es ist deshalb wichtig, die Qualität der Schwingungen, die von meiner Sichtweise ausgeht, zu beobachten. Dem Gesetz der Anziehung entsprechend, ziehe ich nämlich mit meinen Schwingungen das in mein Leben hinein, was ich in den Blick nehme, mir vorstelle und wünsche und blende das aus, was ich ignoriere. Wenn ich über Krankheit nachdenke und spreche, ist mein Leben durch Krankheit bestimmt. Wenn ich dagegen meine Gesundheit in den Blick nehme, steht sie im Mittelpunkt meines Lebens. Deshalb ist es wichtig zu fragen: „Was will ich wirklich? Will ich von meiner Krankheit loskommen oder will ich gesund werden?"

Diese Frage verweist keineswegs nur auf zwei Seiten derselben Medaille. Gesundheit ist mehr als nur die Abwesenheit von Krankheit! Und Krankheit lässt sich nicht nur als Gegenteil von Gesundheit beschreiben. Je nachdem wie ich mein Leben betrachte, beschreibe ich es deshalb als mein Leben in Krankheit oder mein Leben in Gesundheit.

Das eigene Leben in Gesundheit zu betrachten erfordert von jedem, der an Krebs erkrankt ist, viel Überwindung, Kraft und Mut. Dabei sollte aber auch bedacht werden, dass der Blick auf die eigene Gesundung einen kreativen und zukunftsweisenden Prozess in Gang setzt. Zweifel sollten in diesem Prozess möglichst keinen Platz haben. Sie verhindern das, was ich haben möchte: Gesundheit.

Von der Angst zur Lebensfreude

Es gibt zwei Emotionen: die Liebe und die Angst *(vgl. Jampolsky, 1999)*. Die Liebe bringen wir mit. Sie ist unser natürliches Erbe. Die Angst entsteht in Intellekt und Erfahrung. Die Angst ist ein Zustand der Lähmung, der dadurch entsteht, dass wir uns hilflos gegenüber einer Bedrohung wähnen, von der wir glauben, dass wir sie nicht abwenden können. Angst richtet sich auf bedrohliche Ereignisse, die noch nicht vorbei oder noch nicht eingetroffen sind.

Um Ängsten vorzubeugen, wollen wir wissen, warum, wieso und weshalb wir in diese bedrohliche Situation geraten sind. Wenn wir mehr darüber wissen, meinen wir bedrohlichen Situationen dieser Art zukünftig aus dem Wege gehen zu können. Hätten wir dagegen mehr Vertrauen in das Leben und in unsere Zukunft, könnte die Angst zurücktreten.

Angst ist das Gegenteil von Vertrauen und Liebe. Angst richtet sich auf ein vermeintlich sinnloses Ereignis. Vertrauen dagegen schließt unsere Zuversicht ein, dass das, was passiert ist oder noch passieren wird, vielleicht doch einen Sinn hat, auch wenn wir das Ereignis zunächst nur als Schmerz empfinden. Sinn offenbart sich jedoch nicht von selbst. Wir müssen ihn uns erschließen.

Hinter der Frage „Warum bin ich in diese Situation gekommen?“ versteckt sich vielleicht auch die Vermutung, im Leben bisher etwas falsch gemacht zu haben. Damit einher geht nicht selten die eigene Verurteilung für diese Fehler. Verurteilungen führen aber unweigerlich zu Blockaden. Sie hindern uns daran, Freude an unserem Leben zu finden, das wir bisher doch nur fehlerhaft gestalten konnten.

Wenn ich mir jedoch sage: “Ich habe bisher mein Bestes gegeben und daraus auch gelernt“, kann ich diesen Satz mit dem Blick auf meine Zukunft fortsetzen: „Heute weiß ich jedoch mehr und würde jetzt und zukünftig vielleicht anders handeln“. Angst und die eigene Verurteilung für Fehler versperren jedoch den Blick auf ein Leben in der Freude.

Je mehr Angst ich habe, desto mehr forsche ich nach den Ursachen für meine Angst und darüber vergrößere ich die Angst, die ich eigentlich nicht haben möchte. Vertrauen in das Leben entlastet mich jedoch von diesen fast zwanghaften Handlungen. Es setzt mich wieder frei für die Sprache des Lebens. Vertrauen ergänzt die rationale Analyse um die Zuversicht, dass auch das Leben mir anzeigt, was es für mich bereit hält und was ich mir davon nehmen kann.

Analysen entstehen im Kopf. Je mehr ich aber im Kopf bin, desto weniger kann ich auf die Sprache des Lebens achten. Analysen beziehen sich zumeist auf die Vergangenheit und projizieren Vergangenheit auf Zukunft. Sie führen mich dadurch aber weg vom Hier und Jetzt. Freude am Leben kann jedoch diese Lücke zwischen Vergangenheit und Zukunft schließen. Sie kann die Vorstellung von meiner Zukunft bereits heute mit dem Gefühl verknüpfen, dass ich mich auf mein zukünftiges Leben freue.

Vom Umherschweifen zur Zielorientierung

Menschen leben von Geburt an zielorientiert. Der Säugling ist zwar hilflos. Sein Ziel ist jedoch zu überleben und zu wachsen. Um dieses Ziel erreichen zu können, fordert er die Hilfe und Unterstützung der Eltern an und erhält diese Unterstützung durch deren emotionale Überzeugungen vom Leben.

Diese Programmierung ist das Leben, das uns unsere Eltern vorleben und in das sie uns als ihre Kinder einbinden. Gibt es z.B. wenig Geld zu Hause und sind meine Eltern deshalb sparsam, werde auch ich zunächst sparsam leben unabhängig davon, ob ich mir auch ein weniger sparsames Leben leisten kann. Eines

Tages kann ich jedoch erkennen, dass ich im Mangel lebe und mir Beschränkungen auferlege, obwohl es hierfür keine materiellen Gründe gibt. Wenn ich anders leben möchte als meine sparsamen Eltern, muss ich mich aus den emotionalen Überzeugungen meiner Eltern lösen und eine Umprogrammierung vornehmen. Diese beginnt damit, dass ich mir ein Ziel setze. Dieses Ziel sollte ich in einem prägnanten Wort oder Satz und mit einem aussagekräftigen Bild in mir speichern.

Oft werden die emotionalen Überzeugungen durch Sprichwörter oder sogenannte Lebensweisheiten markiert, z.B.:
„Ohne Fleiß kein Preis“. Wenn ich dieses Sprichwort als Lebensweisheit akzeptiere, bin auch ich davon überzeugt, dass ich viel arbeiten muss, um zu Geld zu kommen und im Wohlstand leben zu können. Wenn ich jedoch dieses Sprichwort als emotionale Programmierung hinterfrage und aufbrechen möchte, bietet es sich an, zunächst einmal Visionen von anderen Überzeugungen zu haben. Eine andere Überzeugung wäre z.B., dass ein Leben in Freude von meinem Wohlbefinden abhängt und weniger von viel Arbeit und viel Geld.

Diese noch recht allgemeine Vision von einem Leben in Freude gilt es dann herunter zu brechen in Jahresziele bzw. Monatsziele. Diese sind dann in Wochenziele einzuteilen und in einen Wochenplan einzuschreiben.

Vor meiner Krebserkrankung hatte ich eher keine komplexe Vision von einem Leben in Freude. Zu nachhaltig wirkte die emotionale Programmierung durch meine Eltern. Aber ich hatte zumindest ansatzweise Jahrespläne und halbwegs klar strukturierte Monats- und Wochenpläne. Diese Programmierung brach jedoch mit meiner Erkrankung zusammen. Ich stand vor der

Situation meine eigenen emotionalen Überzeugungen jenseits aller übernommenen Programmierungen zu entwickeln. Das bedeutete für mich zunächst das Driften in der Krankheit zu beenden, neue Vorstellungen von einem glücklichen und erfüllten Leben zu entwickeln und diese Vision auch zielorientiert in meinen Lebensalltag umzusetzen. Vermutlich bedurfte es erst meiner Krankheit, um meine eigenen Ziele zu finden und mein Leben auf diese Ziele hin neu zu orientieren

Vom Leben-Erzwingen zum Leben-Annehmen
Vor meiner Krebserkrankung meinte ich alles durchsetzen zu müssen, was ich mir vorgenommen hatte und dies möglichst in dem von mir vorbestimmten Zeitrahmen. Das kostete viel Energie und führte zu ständigem Stress. Dann las ich bei O.C. Simonton: *„Indem ich mich allmählich immer besser darauf einstellte, das Leben nur zu erfahren, statt zu versuchen, es zu kontrollieren, fühlte ich mich auch immer wohler mit dem „Unbekannten“.* *(Simonton 1993, S. 165)*

Ich hielt inne. Das war neu für mich. Bis dahin war ich programmiert auf den Satz, dass nur die Schule fürs Leben schulen würde. Wie kann dann das Leben selbst schulen? Und für was schult das Leben?

Mir war klar, was eine Umprogrammierung für mich bedeuten würde: Eine Schülerin des Lebens zu sein, würde für mich bedeuten, mich selbst zu beobachten und meine Aufmerksamkeit eher auf das zu lenken, was passiert, als auf das zu richten, was meiner Meinung nach passieren würde oder sollte.

Ich konzentrierte mich fortan darauf, die kleinen und großen

Ereignisse in meinem Leben bewusster wahrzunehmen, zu deuten und herauszufinden, welche Botschaften darin enthalten sein könnten. Im Alltag lernte ich davon auszugehen, dass das, was ich machen wollte, auch gelingen würde. Ich bemühte mich bewusst jedes Ereignis auch als Lernmöglichkeit aufzufassen und mich nicht mit Be- sowie Verurteilungen meines Handelns selbst zu bestrafen.

Dabei machte ich viel bewusster die Erfahrung, dass sich die Dinge manchmal anders entwickelten, als ich es erwartet hatte. Und ich konnte sie dann auch so belassen, wie sie nun einmal waren, mit immer weniger Hader darüber, dass sie vielleicht nicht meinen Vorstellungen oder Wünschen entsprachen! In einem emphatischen Sinne entwickelte ich das Gefühl von Demut dem Leben gegenüber, weil ich wahrnahm, was passierte und weil ich das auch zu akzeptieren lernte.

Fielen mir früher Entscheidungen viel schwerer, weil ich hin und her überlegte und immer über mögliche Entscheidungsalternativen grübelte, lernte ich, stärker auf das Ergebnis meiner Entscheidung zu achten. Ich lernte zu prüfen, ob das Leben meine Entscheidungen unterstützte oder ihnen zu widerstreben schien. Wenn sich die Dinge leicht entwickelten, daraus ein Fluss der Ereignisse entstand, deutete ich diese Erfahrung als Unterstützung meiner Entscheidung durch das Leben.

Ich arbeitete auch daran, vergangene Erlebnisse ruhen zu lassen, sie einfach zu akzeptieren ohne zu hadern. Gleichwohl fragte ich mich auch: “Was will dir das Leben damit sagen?“ Letztendlich nahm ich das Leben so an, wie es sich mir zeigte. Ich hörte auf, es kontrollieren zu wollen und fand damit auch meinen eigenen Schlüssel zur Freiheit *(vgl. Tenfelde 2007).*

Die Einstellung zur Gesundheit verändern

Krankheitserfahrung und Gesundheit

Die Tagesklinik, in der ich von meiner Krebserkrankung erfuhr, entließ mich mit den Worten: "Bis in ein paar Tagen!". Nachdem mir Fotos von Brustamputationen und dem anschließenden Brustwiederaufbau gezeigt wurden, schien der weitere Verlauf der Behandlung bereits fest zu stehen. Glücklicherweise hatte ich meinen Mann, der meinte, ich solle doch noch eine zweite Meinung einholen. Ich sprach mit einer Gynäkologin, die mir riet, zu einem Professor zu gehen, der in einem großen Krankenhaus tagtäglich derartige Operationen durchführt. Und sie nannte mir einen Namen. Ich tat das, was mir gesagt oder empfohlen wurde: Ich holte eine zweite Meinung ein und ging zum Professor in das große Krankenhaus. Was ich selbst dachte, fühlte oder tun wollte, wusste ich nicht. Ich spürte mich nicht einmal, als mir auf den Fotos die brustamputierten Frauen gezeigt wurden!

Als ich von meiner Krebserkrankung erfuhr, war ich geschockt. Der Arzt musste mir sagen, wie es nun weiter gehen sollte, denn ich fühlte mich unfähig und gelähmt, einen klaren Gedanken zu fassen oder gar eine Entscheidung zu treffen. Ich hatte die Beziehung zu mir selbst verloren, konnte mich kaum mehr selbst beobachten und wahrnehmen. Außerdem fühlte ich mich gedrängt: Möglichst schnell sollte operiert werden, möglichst schnell sollte der weitere Ablauf der Behandlung festgelegt werden.

Nach nur einer Nacht Bedenkzeit hatte ich jedoch das Gefühl, mich in diesem Zustand nicht in eine Entscheidung hineindrängen zu lassen. Als Alternative zur Brustamputation wurde mir die Möglichkeit einer brusterhaltenden Operation bei einem höheren Risiko angeboten. Ganz allmählich verstand ich und spürte, wie ich Vertrauen entwickeln konnte und dass allein Vertrauen für mich not-wendend war, um zu mir selbst zurück zu finden.

Nun war ich gefordert! Jetzt musste ich entscheiden und konnte die weitere Behandlung nicht mehr allein den Ärzten überlassen. Ich musste vom passiven Erleiden zum aktiven Tun übergehen. Aber was wollte ich eigentlich tun?

Ich wollte wieder gesund werden. Ich wollte meine Krankheit überwinden, aber auch erkennen, was mich krank gemacht hat und mir damit bessere Chancen für ein Leben nach der Krankheit sichern. Daran, dass Krebserkrankungen unberechenbar wie Blitze vom Himmel kommen, habe ich nämlich nie geglaubt.

Umso beängstigender und schockierender war nach einem Jahr der Befund eines Rezidivs. In meinem mutigen Entschluss gesund zu werden war ich sehr verunsichert: Hatten die Ärzte etwas versäumt? Hatte ich etwas versäumt? Hatte ich meine eigenen Möglichkeiten gesund zu werden überschätzt? Welchen Teil von mir hatte ich noch nicht genügend zur Geltung gebracht?

Mein Mut sank teilweise auf den Nullpunkt. Ich hatte das Gefühl, noch einmal von vorn beginnen zu müssen. „Gib nicht auf!" tröstete und forderte meine Therapeutin. Ich empfand diese Aufforderung als eine große Hilfe auf meinem Weg in die Mitbestimmung über meine Gesundheit.

In Büchern las ich immer wieder, dass sich Krebs ausbreiten kann, wenn die Liebe zu mir und zu anderen Menschen fehlt.

Ich fragte mich, was Selbstliebe eigentlich ist, ob ich sie mir vorenthalten habe und wie ich sie mir geben kann. Ich suchte auch nach Menschen in meinem Leben, denen ich meine Liebe vorenthalten habe, die ich vielleicht zu streng bewertet habe, die mich deshalb ablehnten und bei mir Groll auslösten, den ich ihnen dann wieder zurück gab.

Meine Fragen blieben nicht ohne Antwort. Ich sah daran, dass ich mich auf einem guten Weg befand herauszufinden, was mir meine Gesundheit außer der Überwindung meiner Krankheit noch bedeutet. Liebe wurde für mich zu einem Schlüsselwort auf meinem Weg der Gesundung. Ich hatte es schon entdeckt, musste es aber noch für mich und andere Menschen genauer aufschlüsseln.

Vergebung - ein erster Schritt zur Liebe

Dieses „Ich will gesund werden!“ wollte ich gegen das Leben durchsetzen, so wie es ich mir vorstellte und in der von mir bestimmten Zeit. So ging ich zunächst mit meiner Krebserkrankung um. Doch dann sagte mir das Rezidiv, dass ich so nicht gesund werden kann. Der Augenblick, mich als Schülerin des Lebens zu bewähren, war damit gekommen.

Ich haderte mit den Ärzten aber auch mit mir. Ich war überzeugt, dass irgendetwas übersehen oder nicht richtig gemacht worden war. Ich warf mir vor, es wieder einmal nicht geschafft zu haben und die Entwicklung deshalb in die falsche Richtung laufen konnte. Ich fühlte mich schuldig und hörte meine innere Stimme sagen: „Das hast du nun davon, dass du nicht besser auf dich aufgepasst hast!“

In dieser verzweifelten Situation lernte ich durch Visualisierung Ruhe zu finden und in der Ruhe endlich wieder bei mir anzukommen. Nachdem ich die Situation annehmen konnte, fragte ich mich: „Was will dir das Rezidiv sagen?“ Spontan kam die Antwort: „Höre möglichst schnell auf mit dir zu hadern! Nimm die Diagnose an und versuche damit umzugehen! “ Es war meine innere Stimme, die mich aufforderte, mir zu vergeben und zu verzeihen, dass ich das Ziel, das ich mir gesetzt hatte, noch nicht erreichen konnte.

Mit der Vergebung erlebte ich auch, dass es mir leichter fiel meine Situation anzunehmen, wenn ich mich lieben konnte. Nachdem ich mir vergeben konnte, begann ich nämlich wieder nach meinen Stärken zu suchen, sie aufzuschreiben und mich tagtäglich ihrer zu vergewissern. Mein erster Schritt zur Liebe war also die Vergebung.

Vom Groll zur Vergebung

Gedanken und emotionale Überzeugungen können darauf hin befragt werden, ob diese und die durch sie ausgelösten Gefühle die Gesundheit ansprechen, sie stärken oder aber verletzen. Es ist beispielsweise wichtig, ob sich Gedanken und Überzeugungen auf unbestrittene Tatsachen beziehen oder durch persönliche Meinungen und Vorurteile gestützt werden. Letztere lassen sich durch die Arbeit an inneren Einstellungen verändern *(vgl. Simonton 1993, S.87 ff.).* Mit einem gesundheitsfördernden Satz zur inneren Einstellung „Groll“ lässt sich dieser zur Vergebung hin aufbrechen.

Um zur Vergebung zu kommen, ist es allerdings not-wendend, vorher zu entscheiden, überhaupt verzeihen zu wollen! Erst wenn diese Entscheidung getroffen wurde und die Bereitschaft besteht zu vergeben, kann Wut in Liebe verwandelt werden. Doch woran lässt sich die Bereitschaft erkennen zu vergeben? In meiner Praxis für Lebensberatung arbeite ich mit meinen Patienten und Patientinnen an folgenden Leitfragen:

Vergebung bedeutet für mich

- dass ich meine unversöhnlichen Gedanken in liebevolle Gedanken umwandle und damit mein inneres Leiden beenden möchte,
- dass ich einen Brief an den Menschen schreibe, dem ich verzeihen möchte, und darin all meine Gefühle ausdrücke,
- dass ich mir darüber im Klaren bin, dass mein einziges Ziel der innere Friede ist und nicht die Veränderung oder Bestrafung eines anderen Menschen,
- dass ich bereit bin, in dem Menschen, der mich verletzt hat, einen meiner Lehrer zu erkennen, der mir die Möglichkeit gibt zu erkennen, was es heißt zu verzeihen,
- dass ich erkenne, dass ich auch mir selbst verzeihe, wenn ich einem anderen Menschen verzeihe,
- dass ich annehmen kann, dass Verzeihen nicht bedeutet, dem anderen Menschen Recht zu geben oder sein verletzendes Verhalten gut zu heißen,
- dass ich das Glück und den Frieden, die aus dem Verzeihen entstehen, genießen kann. *(vgl. Jampolsky 1999, S. 155)*

Eine ähnliche Hilfe bietet L. Hay mit ihren Affirmationen an *(vgl. Hay 1996, S.107)*. Auch diese helfen den ersten Schritt auf dem Weg zur Liebe zu finden, den Groll mit der Vergebung zu überwinden.

Wenn du glaubst...	**...ist deine Affirmation:**
Ich werde dir nie vergeben.	Dies ist ein neuer Augenblick. Ich bin frei, um es loszulassen.
Du verdienst nicht, dass dir vergeben wird.	Ich vergebe, ob du es verdienst oder nicht.
Was du mir angetan hast, ist unverzeihlich.	Ich bin gewillt, meine eigenen Begrenzungen zu überschreiten.
Du hast mein Leben ruiniert.	Ich übernehme Verantwortung für mein eigenes Leben. Ich bin frei.
Das hast du mit Absicht getan.	Du hast das Beste getan, was du tun konntest mit deinem Wissen, deinem Verständnis und deinem Bewusstsein, das du zu dieser Zeit hattest.
Du hast dich zuerst zu entschuldigen.	Mein spirituelles Wachstum ist unabhängig von anderen.
Nur schwache Menschen vergeben.	Es ist stark zu vergeben und los zu lassen.
Meine Meinung ist richtig und deine ist falsch.	Es gibt kein „richtig" oder „falsch". Ich höre auf zu beurteilen und zu verurteilen.
Es ist alles die Schuld meiner Eltern	Meine Eltern haben mich in der Weise behandelt, wie sie mich behandelt haben. Ich vergebe ihnen und auch ihren Eltern.
Ich muss niemandem vergeben.	Ich weigere mich, mich selbst zu begrenzen. Ich bin immer gewillt, den nächsten Schritt zu machen.

Mit Visualisierung den Groll überwinden

Auf meinem Weg vom Groll zur Vergebung lernte ich auch mit mir und meinem Unterbewusstsein in Kontakt zu treten. Dabei half mir die Visualisierung. Sie ist eine wichtige Säule im Simonton-Konzept zur Unterstützung von Heilungsprozessen bei Krebserkrankungen. *(vgl. Simonton 1982, S. 174ff.)*. Das Konzept stützt sich auf die Annahme, dass es möglich ist, Vorstellungen von dem, was im krebserkrankten Körper passiert oder auch geschehen sollte, in inneren Bildern darzustellen und mit Gefühl zu unterlegen. Visualisierung hilft den Erkrankten in einem wörtlichen Sinne sich ein Bild davon zu machen, wie letztendlich ihr Immunsystem so stark ist, dass die Krebszellen keinen Platz mehr darin haben. Über diese inneren Bilder können sie ihre weißen Blutkörperchen unterstützen, um gesund zu werden. Darüber hinaus können sie sich vorstellen, wie sie ihr Leben gestalten, wenn sie gesund sind, und wie sie sich in Liebe sich selbst zuwenden können.

Nachdem ich vom Rezidiv erfuhr und eine Visualisierung durchführte, ging es mir beispielsweise darum, mir vorzustellen, wie ich das Rezidiv annehmen und mein Vertrauen in meine Selbstheilungskräfte stärken könnte, welche weiteren Schritte ich auf dem Weg zu Gesundung gehen möchte, wer mich dabei unterstützen könnte und wie ich mich schließlich als gesunder Mensch sehe.

Auch in meiner Praxis für Lebensberatung unterstütze ich die Gesundung meiner Patientinnen und Patienten durch Visualisierung. Wenn es darum geht, den Groll zu überwinden, entwickeln wir gemeinsam in Anlehnung an Simonton *(1982, S. 224)* eine Vorstellung von diesem Prozess in folgenden Schritten:

- *Du hast dich bequem niedergelassen.*
- *Jetzt atmest Du ein paarmal tief ein und aus - ganz tief ein und aus.*
- *Während du ausatmest, sagst du in Gedanken zu dir selbst: Loslassen. Alles ganz locker loslassen.*

- *Du kannst auf deine Atmung achten und beim Ausatmen die Worte wiederholen: Alles loslassen.. Vielleicht merkst Du jetzt schon, wie sich Teile deines Körpers leicht entspannen, während andere dazu etwas mehr Zeit brauchen.*
- *Während du nun weiterhin tief, langsam und ruhig atmest, richtest du deine Aufmerksamkeit auf mögliche Verspannungen in deinem Kopf und auf deiner Stirn... und während du ausatmest, lass deinen Kopf und deine Stirn sich entspannen.*
- *Und während du atmest ein und aus, sage in Gedanken zu dir selbst: „Alles loslassen" und richte deine Aufmerksamkeit auf dein Gesicht ... und lass auch dort mögliche Spannungen sich lösen und dein Gesicht sich entspannen ...*
- *Und während du weiter atmest, tief, langsam und ruhig, lass deinen Körper sich weiter lösen. Lass deinen Nacken und deine Schultern sich entspannen... und deine Arme und Hände sich entspannen .... und deinen Rücken sich lösen, ganz entspannt... und du kannst die Entspannung hinein nehmen in deine Brust.... und in deinen Bauch .... und in dein Becken ... Und dies erlaubt es deinem Herzen, deiner Lunge, deinem Magen und all deinen inneren Organen - sich ebenfalls zu entspannen ... und noch tiefer ... und noch weiter sich zu lösen ... während du atmest ... tief, langsam und ruhig ... und während du dich dabei ausruhst .... und ganz gelöst von oben nach unten weitergehst und deine Hüften sich lockern lässt... und deine Beine... die Oberschenkel und die Waden ... und deine Füße.*
- *Und nun, wo dein Körper in einem Zustand der angenehmen Ruhe ist, kannst du dir vorstellen, du bist an einem Ort, an dem du dich sicher, ruhig und beschützst fühlst... Der Ort kann real sein oder deiner Fantasie entstammen ... es kann ein Ort sein, wo du schon einmal warst ... oder einer, den du noch nie gesehen hast...*

- *Und während du weiterhin langsam, tief und ruhig atmest, lass dir die Zeit, die du brauchst, um dir diesen Ort vorzustellen....*
- *Nun stelle dir den Menschen, gegen den du einen inneren Groll hegst, möglichst deutlich vor.*
- *Stelle dir vor, wie diesem Menschen Gutes geschieht - vielleicht wird ihm Liebe und Anerkennung zuteil, oder er wird reich. Lasse ihm das zukommen, worüber er sich deiner Meinung nach sehr freuen würde.*
- *Achte auf deine eigenen Reaktionen. Fällt es dir schwer, dir das Glück dieses Menschen bildlich vorzustellen, so ist das eine ganz natürliche Reaktion. Es wird leichter, je mehr du es übst.*
- *Denke darüber nach, welche Rolle du beim Zustandekommen der Stress erzeugenden Situation gespielt haben magst und ob du nicht den Vorfall und das Verhalten des anderen Menschen auch anders auslegen könntest. Stelle dir vor, wie die Situation dem andern von seinem Standpunkt aus erschienen sein mag.*
- *Mache dir bewusst, um wie viel sich deine innere Anspannung und dein Groll verringert haben. Versprich dir, dass du dir dieses neue Verständnis erhalten wirst.*
- *Nun kannst du die Augen wieder langsam öffnen und deinen gewohnten Tätigkeiten nachgehen.*

Schwierigkeiten als Möglichkeiten entdecken

Die Diagnose eines Rezidivs und der erneute Umgang mit der Erkrankung waren eine meiner wichtigsten und zugleich schwersten Prüfungen in meinem Leben. Zunächst notierte ich die positiven Veränderungen, die sich unmittelbar als Folge der Erkrankung ergeben hatten: Ich musste nicht mehr meiner anstrengenden Berufsarbeit nachgehen. Ich hatte mir eine Putzfrau besorgt. Eine Kinderfrau kam zweimal pro Woche zu meinen Kindern. Ich hatte mehr Zeit für mich, nahm mir diese Zeit, um auf mein äußeres Erscheinungsbild zu achten und mich zu pflegen. Äußerlich hatte ich mich schon sehr verändert. Das Rezidiv schien mir aber sagen zu wollen: Das allein reicht nicht aus!

So wie ich die Krebserkrankung als Botschaft des Körpers deutete, sagte mir das Rezidiv, dass es einen Teil in mir gab, der noch nicht zufrieden war mit dem Leben, so wie ich es damals führte. Die Botschaft enthielt im Kern den Hinweis, dass ich meine Erkrankung auch als Chance sehen könnte, endlich das zu tun, was ich mir schon länger gewünscht aber bisher unterlassen hatte bzw. das zu unterlassen, was mich in der Vergangenheit so stark belastete.

Die wichtigste Möglichkeit in der Krebserkrankung lag für mich - rückblickend betrachtet - darin, eine Verschnaufpause vom Beruf zu bekommen.
Das tägliche Hamsterrad, in dem ich lief, blieb mir durch die Erkrankung erspart. Alle beruflichen Aktivitäten traten zurück. Ich wurde dadurch frei für andere Interessen.

Im Mittelpunkt stand aber die Frage, wie ich jetzt auf meine Gesundheit zugehen wollte. Über diese Frage erhielt ich viel Aufmerksamkeit. Ich stand plötzlich im Mittelpunkt, was ich zu diesem Zeitpunkt nicht gewohnt war, was mir aber mir dennoch gut tat. Die weitreichendsten Chancen für Veränderungen entdeckte ich aber bei der Überprüfung meines bisherigen Lebensentwurfes und meines Lebensstils, von dem ich annahm, dass auch sie an meiner Erkrankung wesentlich beteiligt waren.

Veränderung im Lebensstil

Von der äußeren zur inneren Stimme

In den ersten Wochen nach meiner Krebserkrankung war ich wie fremd gesteuert. Ich tat das, was von mir erwartet wurde. Doch bereits das Einholen einer zweiten Meinung zu meinem Befund war ein Schritt in die eigene Richtung, auch wenn der Anstoß zu diesem Schritt nicht von mir selbst kam. Es war nur ein kleines Fünkchen Hoffnung, das ich als meine innere Stimme vernahm. Heute meine ich zu wissen, dass ich letztlich dieser inneren Stimme vertraute und ihr folgte.

Heute weiß ich auch, dass ich mit der Unterscheidung von äußerer und innerer Stimme zu meiner Erkrankung unterscheiden lernte zwischen Fremdwahrnehmung und Selbstwahrnehmung. Natürlich wusste ich schon vorher von diesem Unterschied. Deren unterschiedliche Bedeutung habe ich jedoch erst mit meiner Erkrankung erfahren: Meine Ärzte nahmen die Symptome meiner Krankheit wahr und reflektierten diese auf ein medizinisches Krankheitsbild. Dagegen reflektierte meine innere Stimme auf mein Leben und wies mir den Weg zurück zu mir selbst.

Erst als ich fühlte, dass beide Stimmen - die äußere und die innere - an meiner Gesundung gleichermaßen mitwirken durften, fand ich meinen Weg zu einer Therapie. Erst dann fühlte ich mich gut aufgehoben bei dem Arzt in dem großen Krankenhaus. Erst dann fühlte ich mich frei zu agieren statt nur zu re-agieren. Und ich hatte mein Ziel gefunden, nämlich mein Leben zu leben. Für dieses Ziel war es aber auch not-wendend Veränderungen vorzunehmen.

Gestalten des Alltags

Durch die Erkrankung wurde ich entlastet von meiner Berufstätigkeit. Diese begann frühmorgens mit dem Klingeln des Weckers. Selbst an den Wochenenden hörte ich noch den Wecker klingeln, obwohl ich ihn doch abgestellt hatte!

Danach hieß es: aus dem Bett springen; Kinder wecken, Frühstück machen, Kinder verabschieden und auf den Schulweg bringen, kurz durchatmen um mich auf meinen Unterricht an der Grundschule zu orientieren. Nach dem Unterricht wiederholte sich der bisherige Tagesablauf in umgekehrter Reihenfolge: Mittagessen kochen, Kinder von der Schule empfangen, Schulaufgaben betreuen, eigenen Unterricht nachbereiten, Kinder zu Bettbringen, Wecker stellen. Mein Alltag glich dem Lauf im Hamsterrad.

Mit der Erkrankung konnte ich meinen Tag bewusster angehen, ihn gestalten statt zu durchlaufen. Mein Tag begann mit der Morgenvorschau. Und ich ließ den Tag bewusst ausklingen mit der Tagesrückschau.

Für meine Morgenvorschau habe ich mir folgende Affirmationen aufgeschrieben:

- Jeder Tag bietet mir neue Möglichkeiten.
- Ich öffne mich ganz den Möglichkeiten des Tages und bin bereit, mein Bestes zu geben.
- Ich frage mich jeden Morgen: Was will ich heute erreichen? Wie erreiche ich es am besten?
- Was will ich auf jeden Fall vermeiden?
- Wie möchte ich mich heute verhalten?
- Welche Situationen oder Begegnungen habe ich heute zu erwarten? Diese erlebe ich mental voraus.

Mehrmals täglich stelle ich mir vor:

- Licht und Gesundheit durchströmen mich.
- Kraft und Harmonie erfüllen mich.
- Was ich tue, das tue ich ganz.
- Ich denke positiv und dadurch wird mein Leben immer schöner.
- Ich danke immer wieder für das viele Gute, das ich bereits habe und gehe froh und sicher durch den Tag.

Am Abend mache ich eine Tagesrückschau. Damit lasse ich den Tag noch einmal vor meinem geistigen Auge vorüberziehen und frage mich:

- Was habe ich heute gesagt und getan?
- Was davon war wichtig, was unwichtig?
- Was wollte ich erreichen, was habe ich erreicht?
  Was war richtig, was war falsch?
- Wie hätte es richtig sein sollen? Ich kann das Geschehene mental „umerleben“ und zu einem „imaginären“ Erfolgserlebnis machen.

Abends sage ich mir außerdem:

- Ich versöhne mich mit allen Menschen,
  mit denen ich derzeit nicht in Harmonie bin.
- Ich versöhne mich vor allem mit mir und nehme mich so an, wie ich derzeit noch bin, und ich bemühe mich so zu werden, wie ich sein möchte.
- Ich distanziere mich bewusst von allem Negativen,
  wende mich innerlich ganz dem Positiven zu und bejahe es.
- Ich erkenne bewusst, wie viel Grund ich habe glücklich zu sein, und bin dankbar dafür.

Vor dem Einschlafen lasse ich bewusst den Tag los, nachdem ich ihn so „bereinigt“ habe und freue mich auf den neuen Tag.

Zur Gestaltung meines Tages gehört auch auf meine Gedanken zu achten. Wenn jeder Gedanke eine Schwingung ist und wir bis zu 60.000 Gedanken pro Tag haben, dann ist es von entscheidender Bedeutung zu prüfen, ob es negative oder positive Gedanken sind, ob ich mit meinen Gedanken negative oder positive Schwingungen aussende und diese entsprechend als positive oder negative zurück bekomme.

Deshalb nehme ich mir die Zeit täglich wenigstens zwei bis fünf Minuten auf meine Gedanken zu achten. Bei negativen Gedanken überlege ich mir eine positive Formulierung. Hierzu ein Beispiel: „Komm bitte nicht zu spät“ ersetze ich durch „Sei bitte pünktlich“. Wenn ich nämlich einen Satz sage, in dem die Worte „nicht“ oder „kein“ vorkommen, enthalten meine Schwingungen das, was ich nicht will. Verzichte ich auf diese Worte, spreche ich das aus, was ich mir wünsche.
Außerdem achtete ich darauf von Gesundheit zu sprechen und nicht von Krankheit, um die Gedanken auf den Prozess meiner Gesundung zu lenken.

Stärken der Zielstrebigkeit

Jeden Tag orientiere ich mich auf meine Ziele und stärke meine Zielstrebigkeit. Ich verweile jeden Tag für einige Zeit bei mir, auch um mich zu zentrieren. Befinde ich mich in einer Phase, in der sich an Schlüsselstellen für Veränderungen wichtige Dinge ereignen oder einstellen könnten, unterstütze ich meine Zielorientierung dadurch, dass ich von meiner Situation an dieser Schlüsselstelle ein Bild entwickle und dieses visualisiere. Mit der

Visualisierung ist es möglich, mich auf die Einstellung zu „programmieren“, die ich übernehmen möchte. Dies gilt nicht nur für meine Gesundheit sondern für mein Leben überhaupt. Indem ich mir die Dinge und ihre Zusammenhänge bildlich vorstelle, unterstütze ich mich dabei, sie auch zu realisieren. Ich achte jedoch auch darauf, dass ich über die Visualisierung nur das anziehe, was ich auch tatsächlich anziehen möchte. Das „Gesetz der Anziehung“ *(vgl. Tepperwein 1992, S. 92)* macht nämlich keinen Unterschied zwischen Positivem und Negativem. Diese Unterscheidung muss ich selbst treffen!

Eigene Ziele finden und sich an eigenen Zielen zu orientieren sind immerwährende schöpferische Prozesse. Der schöpferische Prozess geschieht in drei Schritten *(vgl. Byrne 2007, S. 63)*:

- Er beginnt mit einer Bitte: Ich bitte das Universum um das, was ich erreichen möchte.
  Das Universum nimmt meine Bitte auf.
- Meine Bitte wird fest im Glauben verankert: Ich glaube, dass meine Bitte bereits zu mir gehört. Damit meine Bitte erfolgreich ist, sollte der Glaube auf keinen Fall durch Zweifel entkräftet werden.
- Ich stelle mir vor das zu Erreichende zu empfangen.
  Ich stelle mir auch vor, dass das Erbetene bereits bei mir angekommen ist und fühle mich dabei wunderbar.

Dieser Prozess kann durch eine Visualisierung unterstützt werden. Dabei kann folgendermaßen vorgegangen werden *(vgl. Simonton 1982, S. 244)*

- *Entspanne dich nach der Entspannungsübung aus Kap.3.4*
- *Wähle dir ein Ziel aus, an dessen Verwirklichung du jetzt arbeiten möchtest.*

- *Stelle dir vor, wie du dieses Ziel bereits erreicht hast.*
- *Stelle dir vor, welche Gefühle du hättest, wenn das Ziel schon erreicht wäre. Was würden die Leute sagen? Was würdest du tun? Wie wirst du aussehen?*
- *Schildere deine Umgebung. Male dir möglichst viele Einzelheiten aus.*
- *Stelle dir vor, wie andere Menschen, die dir etwas bedeuten, auf deine Leistung reagieren.*
- *Schaue auf die einzelnen Schritte zurück, die du vollzogen hast, um dein Ziel zu erreichen. Welches war der erste Schritt? Nimm dir vor, den ersten Schritt in die Tat umzusetzen. Genieße bei jedem Schritt, den du vollziehst, das Gefühl, etwas zu leisten. Stelle dir die Handlungsschritte in allen Einzelheiten vor und auch die Gefühle, die du dabei hast.*
- *Sei glücklich und dankbar, dass du dein Ziel erreicht hast.*
- *Komme allmählich wieder in den Raum zurück, auf deinen Platz.*
- *Öffne die Augen und verwirkliche den ersten Schritt.*

Entscheidungen begründen und verteidigen

Mit der Entscheidung für eine brusterhaltende Operation hatte *ich* mich entschieden. Der Rückschlag durch ein Rezidiv konnte deshalb auch meiner Entscheidung angelastet werden. In meinem Innern spürte ich zwar, was ich erreichen wollte und warum ich mich deshalb so und nicht anders entschieden hatte. Doch ich beobachtete auch, dass meine Entscheidungen in meinem sozialen Umfeld keineswegs geteilt wurden. Im Rückschlag durch das Rezidiv sahen einige sogar eine Bestätigung dafür, dass ich mich falsch entschieden hatte und besser den Ratschlägen der äußeren Stimme gefolgt wäre.

Ich wurde dadurch verunsichert, zweifelte gelegentlich wieder an mir selbst und nahm mich oft zurück. Die Krebserkrankung gab mir die Möglichkeit, eigene Entscheidungen mit dem Blick auf meine Vorstellungen von Gesundheit und Gesundung zu treffen. Sie gab mir aber auch die Möglichkeit, meine Entscheidungen zu begründen und in der Begründung auch zu festigen.

Unmittelbar nach der Erkrankung hatte ich gleichsam eine „Schonzeit", von Simonton als „sekundärer Krankheitsgewinn" bezeichnet *(vgl. Simonton 1993, S.73)*, die mir auch dazu verhalf, mit Nachsicht behandelt zu werden und mich für meine Entscheidungen nicht rechtfertigen zu müssen. Die Situation änderte sich spätestens damit, dass ich mit meinen neuen Sichtweisen auf Krebserkrankung und Gesundung die private Sphäre verließ und andere Betroffene, z.B. in Selbsthilfegruppen und in meiner Praxis für Lebensberatung, an meinen Erfahrungen, Gefühlen und Gedanken teilnehmen ließ.

Obwohl ich nur meinen eigenen Weg zurück ins Leben beschreiben konnte, wurde meine Beschreibung dieses Weges im Laufe der Zeit zu einem „öffentlichen Angebot". Auf dieses „Angebot" erhielt ich sowohl ermutigenden Zuspruch als auch ablehnende Kritik. Das war sicherlich zu erwarten. Gleichwohl habe ich Zuspruch wie auch Kritik zum Anlass genommen, meinen Umgang mit der Krebserkrankung im Spiegel von Literatur, Berichten über Krankheitsverläufe sowie im Diskurs mit Medizinern und krebserkrankten Betroffenen zu überprüfen und dadurch differenzierter zu betrachten.

Des Weiteren informierte ich mich gründlich über alternative Behandlungsmethoden bei Brustkrebs, ihre jeweiligen Risiken und Akzeptanz bei den betroffenen Frauen. Mit einem weiteren

Schritt versuchte ich die möglichen Folgewirkungen für mich zu klären, nachdem ich mich für eine brusterhaltende Operation entschieden hatte. Und schließlich konnte ich einen Gewinn dadurch erzielen, dass ich meinen Gesundheitsbegriff für mich neu entdeckte, Selbst-Bewusstsein entwickelte und mich in diesem Bewusstsein in Entscheidungen nicht nur bei meiner Behandlung einmischte.

Beruf als Lebensaufgabe

Berufliche Orientierung überdenken

Meine berufliche Orientierung entsprach meiner Grundhaltung zum Leben. Bis zu meiner Krebserkrankung nahm ich die äußeren Stimmen deutlicher und fordernder wahr als meine inneren. Zweifel an der Berechtigung der äußeren Stimmen habe ich nicht zugelassen. Ich wollte es allen recht machen außer mir selbst.

Meinen Eltern war ich dankbar dafür, dass ich studieren konnte. Deshalb wählte ich ein kurzes Pädagogikstudium, um mich möglichst schnell aus der Pflicht zur Dankbarkeit wieder befreien zu können. Den Lehrerinnenberuf wählte ich, weil es damals ein typischer Frauenberuf war und ich mich der sozialen Positionierung über diesen Beruf nicht entziehen wollte oder konnte.

Meine Freude am Beruf galt nicht primär den beruflichen Aufgaben, Anforderungen und Tätigkeiten, sondern den möglichen Sozialkontakten. Gleichwohl war ich mir sehr streng gegenüber. Bestmögliche Examen, Leistungsorientierung und die Anerkennung meiner Leistungen durch Kollegen waren mir sehr wichtig.

Die Ziele meiner beruflichen Tätigkeit suchte ich in der Pflichterfüllung und auf der jeweils nächsten Gehaltsstufe. Beruf als persönliche Entwicklungsaufgabe kam mir kaum in den Sinn. Letztlich ging es mir darum, das Erreichte korrekt und erfolgreich zu verwalten.

Psychosomatischen Begleiterscheinungen meiner beruflichen Tätigkeit maß ich zunächst keine Bedeutung bei. Mögliche Zusammenhänge zwischen ihnen und meiner beruflichen Orientierung waren mir fremd. Versagensängste galten allein der möglichen Situation, dass ich trotz sehr guter beruflicher Leistungen irgendwann den Ansprüchen an mich nicht mehr genügen kann. Wenn ich einmal innehielt, fehlte mir jedoch der Mut den bisher eingeschlagenen Weg infrage zu stellen.

Auf der Folie dieser Orientierungen kann ich meinen Berufsweg rekonstruieren. Nach dem Studium wurde ich wissenschaftliche Mitarbeiterin und anschließend Hochschullehrerin an der Universität. Ich folgte meinem Mann, der sich beruflich nach Hamburg veränderte und nahm die mir angebotene Stelle einer Grundschullehrerin in einem sozialen Brennpunkt Hamburgs an. Drei Jahre später erkrankte ich an Brustkrebs. Erst die Erkrankung machte es mir möglich, meine bisherige berufliche Orientierung zu überdenken, zu ihr auf Distanz zu gehen und mich aus der zuvor beschriebenen Grundhaltung zu befreien.

Zeichen des Lebens erkennen

Blicke ich als Schülerin des Lebens auf diesen Lebensabschnitt zurück, so meine ich Zeichen zu erkennen, die mir das Leben geschickt hat. Schon der Umzug nach Hamburg und dass ich mich dort schnell zuhause fühlte, deute ich so, dass ich meine akademische Karriere in der Universität beenden sollte. Meine Deutung sehe ich auch bestätigt in der Einstellung in den Hamburger Schuldienst zu einem Zeitpunkt einer so genannten Lehrerschwemme, die eine Neueinstellung kaum wahrscheinlich machte. Statt dessen hatte ich innerhalb von zehn Minuten die Zusage, an der Grundschule unterrichten zu können.

Warum wurde ich dennoch krank, obwohl das Leben es doch gut meinte mit meinem beruflichen Wechsel an den Wohnort meines Mannes und meiner Kinder? Die Krebserkrankung habe ich als Hinweis interpretiert, dass meine Etablierung als Grundschullehrerin wohl doch nicht der Weg zu meiner Lebensaufgabe war und mich eher in eine Sackgasse geführt hatte. Die Krankheit setzte mich frei über meine Vision einer psychologischen oder psychotherapeutischen Arbeit mit Menschen erneut nachzudenken. Diese Vision war praktisch mit meinem beruflichen Werdegang vollständig in den Hintergrund getreten. Die Vision meldete sich nur einmal, dafür aber umso nachhaltiger in meiner Genesungsphase, als mir eher „zufällig" Prospektmaterial über die Ausbildung zur Lebensberaterin in die Hände fiel. Nachdem unser neues Haus auf die fünfköpfige Familie aufgeteilt war, blieb- ebenfalls rein „zufällig" - ein Raum übrig. Den reservierte ich mir sodann in meinen Gedanken für mich und meine Vision von meiner neuen Lebensaufgabe.

Mit 50 Lebensjahren einen neuen Anfang in der beruflichen Entwicklung zu suchen, erfordert allgemein sehr viel Mut. Und dieser Mut wurde in einem besonderen Maße gefordert von mir, die bisher immer den Programmierungen durch die Eltern folgte und nur berufliche Entwicklungen wagte, die ein hohes Maß an Sicherheit boten. Mut allein hätte wahrscheinlich auch nicht ausgereicht, diesen Schritt zu wagen, wenn nicht noch das Vertrauen in die Zeichen des Lebens gewachsen wäre. Vertrauen in Zeichen, die mir das Leben schickt, bedeutete für mich aber auch eine Veränderung meiner rationalistischen Einstellung dem Leben gegenüber.

Zeichen des Lebens tatkräftig umsetzen

Mein Berufsleben vor der Krebserkrankung war dadurch geprägt, dass ich eine Karriere durch Leistung machen wollte, mir hierfür eine Strategie überlegte, Ziele setzte und entsprechende

Schritte zielorientiert plante. Klappte es einmal nicht, stampfte ich wie Rumpelstilzchen mehrmals kräftig mit dem Fuß auf und verwendete viel Energie darauf, das von mir festgelegte Ziel dennoch zu erreichen.

Damals wusste ich noch nicht, dass ich meine Wünsche dadurch mental unterstützen kann, dass ich mir das, was ich erreichen möchte, in Einzelheiten vorstelle und dass diese Vorstellung mir hilft meine Ziele auch tatsächlich zu erreichen. Oder wie Tepperwein es in seinem Gesetz der Imagination formuliert: *„Jede bildhafte Vorstellung, die uns erfüllt, hat das Bestreben, sich zu verwirklichen. Das Bild ist die Sprache des Unterbewusstseins und der Seele. Der erwünschte Endzustand sollte bildhaft, detailliert ausgearbeitet und in natürlichen Farben und in der natürlichen Umgebung vorgestellt werden.“*

(Tepperwein 1992, S. 99).

In dieser Phase der Neuorientierung auf eine Lebensaufgabe flatterte mir der Prospekt ins Haus. Ich entsorgte ihn. Doch eine Woche später fand ich ihn wieder in meinem Briefkasten. Ich dachte: „So ein Zufall!“ und schaute ihn etwas genauer an. Meine innere Stimme meldete sich leise: „Das wolltest du doch schon immer!“.

Ein paar Tage brauchte ich noch, bis ich das Formular für eine Ausbildung zur Lebensberaterin abschickte. Das war mein erster Schritt zu einem Beruf, den ich gleichzeitig als meine Lebensaufgabe erkennen konnte. Ich war neugierig. Ich spürte die Spannkraft zurückkehren und wollte mich der Herausforderung stellen.

Meine Therapeutin machte mich zudem aufmerksam auf einen amerikanischen Onkologen, der für Hamburg einen Vortrag angekündigt hatte. Von ihr erfuhr ich auch, dass Dr. O. C. Simonton ein Krebsspezialist ist, der dem emotionalen Faktor in der Krebstherapie eine hohe Bedeutung beimisst. Ich entschied mich an dem Vortrag teilzunehmen und war von Simonton spontan begeistert. Der Arzt strahlte Lebensfreude und positives Denken aus, die sich auch auf seine Zuhörer übertrugen.

Etwas Zeit brauchte ich noch für die Bearbeitung der Eindrücke, die der Vortragsabend bei mir hinterließ. Doch dann war ich entschlossen, mich auch nach der Simonton-Methode ausbilden zu lassen. Mit besonderem Nachdruck befasste ich mich mit der Visualisierung als Zugang zu den eigenen Vorstellungen von Gesundheit und Gesundung und der Arbeit der Veränderung von inneren Einstellungen.

Diese Zugänge zu einer psychoonkologischen Begleitung von Krebstherapien waren dann auch die weiteren fachlichen Grundlagen für meine neue berufliche Tätigkeit als Lebensberaterin in eigener Praxis, die ich am 9.9.1999 eröffnen konnte.

Wenig später machte ich eine Familienaufstellung und fand - nach dem mir mittlerweile vertrauten Muster - eine Möglichkeit für eine Zusatzausbildung. Sie führte mich zu weiterem seelischen Wachstum und zu mehr Empathie und Verständnis für die Verstrickungen auch meiner Patienten und Patientinnen in ihrer Familiendynamik.

Den aktuellen Schlusspunkt einer Entwicklung, in der ich meine Lebensaufgabe fand und mich auf den Weg machte, diese Aufgabe tatkräftig umzusetzen, markieren eine Ausbildung zur Heilpraktikerin (Psychotherapie) sowie die Erweiterung meines Lehr- und Ausbildungsangebotes mit der Eröffnung einer

Akademie für ganzheitliche Lebensberatung am 9.9.2007. Diese Entwicklung gibt mir heute das Gefühl, endlich bei mir angekommen zu sein.

Vertrauen in die eigenen Kräfte entwickeln

Wenn ich heute auf meine Entwicklung zurückblicke, erkenne ich, dass mir diese nur dadurch gelingen konnte, dass ich den eigenen Möglichkeiten der Selbstbestimmung vertraute und meine Selbstheilungskräfte aktivieren konnte. Als besonders hilfreich habe ich dabei wiederum die Methode der Visualisierung nach Simonton erfahren. Wie ich diese heute mit meinen Patienten anwende, vermag vielleicht folgendes Beispiel zum Thema „Vertrauen entwickeln" zeigen *(vgl. Simonton 1993, S. 104)*

- *Du hast dich bequem niedergelassen.*
- *Jetzt atmest du ein paar Mal tief ein und aus - ganz tief und ruhig ein paar Mal tief ein und aus.*
- *Während du ausatmest, sagst du in Gedanken zu dir selbst: Loslassen. Alles ganz locker loslassen.*
- *Du kannst auf deine Atmung achten und beim Ausatmen die Worte wiederholen: „Alles loslassen.." Vielleicht merkst du jetzt schon, wie sich Teile deines Körpers leicht entspannen, während andere dazu etwas mehr Zeit brauchen.*
- *Während du nun weiterhin tief, langsam und ruhig atmest, richtest du deine Aufmerksamkeit auf mögliche Verspannungen in deinem Kopf und auf deiner Stirn...*
  und während du ausatmest, lass deinen Kopf und deine Stirn sich entspannen
- *Und während du atmest ein und aus sage in Gedanken zu dir selbst: „Alles loslassen" und richte deine Aufmerksam-*

keit auf dein Gesicht ... und lass auch dort mögliche Spannungen sich lösen und dein Gesicht sich entspannen ...

- *Und während du weiter atmest, tief, langsam und ruhig, lass deinen Körper sich weiter lösen. Lass deinen Nacken und deine Schultern sich entspannen... und deine Arme und Hände sich entspannen ... und deinen Rücken sich lösen, ganz entspannt... und du kannst die Entspannung hinein nehmen in deine Brust.... und in deinen Bauch .... und in dein Becken ... Und dies erlaubt es deinem Herzen, deiner Lunge, deinem Magen und all deinen inneren Organen - sich ebenfalls zu entspannen ... und noch tiefer ... und noch weiter sich zu lösen ... während du atmest ... tief, langsam und ruhig ... und während du dich dabei ausruhst .... und ganz gelöst von oben nach unten weitergehst und deine Hüften sich lockern lässt... und deine Beine... die Oberschenkel und die Waden ... und deine Füße..*
- *Und nun, wo dein Körper in einem Zustand der angenehmen Ruhe ist, kannst du dir vorstellen: Du bist an einem Ort, an dem du dich sicher, ruhig und beschützt fühlst... Der Ort kann real sein oder deiner Fantasie entstammen ... es kann ein Ort sein, wo du schon einmal warst ...
oder einer, den du noch nie gesehen hast...*
- *Und während du weiterhin langsam, tief und ruhig atmest, lass dir die Zeit, die du brauchst, um dir diesen Ort vorzustellen....*
- *Nun kannst du dir vorstellen: Du bist in eine Welt hinein geboren worden, die dich glücklich, gesund und erfüllt sehen möchte.*
- *Und du kannst dir vorstellen, du hast in dir einen genetischen Bauplan, der in einem langen, vollen Leben ausgelebt werden soll.*
- *Und wenn der Plan nach einem langen, vollen Leben erfüllt*

ist, wirst du ein tiefes Gefühl der Erfüllung verspüren. Stell dir vor, wie die Teile des Bauplans dir im Verlauf des Lebens mitgeteilt werden ... vielleicht durch stille, subtile Botschaften, wie deiner Intuition, einem Gefühl im Bauch, deiner inneren Weisheit....

- *Und stell dir vor, die Richtung des Pfades, den du einschlägst, würde durch deine ganze Umwelt und durch das Universum gebilligt und bestätigt... und würde noch verstärkt werden durch Harmonie, durch Freude und durch Erfüllung...*
- *Und nun stell dir vor, wie es seit deiner Geburt tatsächlich um dich bestellt gewesen ist. Vielleicht erinnerst du dich an die lauten Befehle, die in dein Leben kamen und die dir sagten: „Tu dies" und „tu jenes nicht!"*
- *Und vielleicht erinnerst du dich an die Stimmen, die sagten: „Tu dies, wenn du geliebt werden willst" oder „Unterlasse jenes, wenn du geliebt werden willst" .... „Sei so" und „Sei nicht so"..... „ Tu dies" und „Tu jenes nicht".....*
- *Und stell dir vor, wie diese lauten Stimmen die leisen, subtilen Stimmen deiner Begeisterung, deiner Träume und deiner Vorstellungen übertönt haben, und vielleicht erinnerst du dich daran, wie du, genau wie alle anderen Menschen, den lauten Stimmen gefolgt bist, ... wie währenddessen die ganze Welt und das ganze Universum versucht haben, dich zu dir selbst zurückzubringen, manchmal mit Hilfe von Enttäuschungen, Schmerzen und sogar von Krankheiten, nur um dich davon abzuhalten, dich immer weiter von deiner eigentlichen Persönlichkeit zu entfernen.. und um dich dir selbst wieder nahe zu bringen .....*
- *Und stell dir vor, dass du immer mehr von dem verstehst, was um dich herum geschieht und in deinem Leben geschehen ist und dass du nun aufmerksam beachtest, welche*

Dinge dir ein gutes Gefühl und welche dir ein schlechtes Gefühl geben, und du sie als Signale zum Weitermachen oder zum Aufhören verstehst ...

- *Und vielleicht willst du dich jetzt dazu verpflichten, diese Gefühle zu würdigen, sobald du sie erkennst, ... und es kann gut und nützlich sein, den Botschaften zu glauben, die aus der ganzen Welt hereinkommen, daran zu glauben, dass die ganze Welt möchte, dass du so bist, wie du bist, und dass sie dir dabei helfen will, der Mensch zu sein, der du bist ....*
- *Und nun richte deine Aufmerksamkeit auf die Ruhe und die Stille in Dir selbst ... und auf deine Intuition, dein Gefühl im Bauch und deine innere Weisheit ... und du kannst all dem lauschen ...*
- *Und du kannst deiner inneren Weisheit zuhören, die dich wegbringt vom Schmerz, weg von der Ohnmacht und weg von der Krankheit .... und hin zu mehr Freude und tiefer Erfüllung .*
- *Und du kannst dir vorstellen, dass die ganze Welt und das ganze Universum frohlocken, weil deine Freude überall empfunden wird und weil deine Harmonie zur Harmonie der ganzen Welt und des ganzen Universums beiträgt ...*
- *Nun achte wieder auf deine Atmung.*

Festhalten und Loslassen in der Familie

Den Platz in der Familie neu finden und einrichten

Mein Mann, meine Tochter und meine beiden Söhne erwarteten meine volle Aufmerksamkeit. Um sie drehte sich in der Familie mein Denken und Tun. Mein Tagesablauf wurde bestimmt von deren Terminen. Für mich war das auch in Ordnung. Mir ging es jedoch so, wie es berufstätige Frauen in der Familienphase immer wieder erleben. Wie aus dem Nichts tauchten Themen aus der Berufsarbeit wieder auf, die ihren Platz in meinen Gedanken beanspruchten. Ich begann gedanklich auf zwei Ebenen zu operieren - und das zumeist gleichzeitig!

Nachdem ich meinen Beruf als Lehrerin wieder aufgenommen hatte, verschärfte sich die Situation. Neben meinen eigenen Terminen musste ich die der Kinder koordinieren. Meine Aufgabe änderte sich dadurch aber nicht: Ich wollte, dass alle zu ihrem Recht auf Familie kommen! Auch das war für mich in Ordnung, wie es für tausende von Frauen in vergleichbaren Situationen der Fall ist.

Erst die Krebserkrankung brachte das mühsam und anstrengend austarierte System von Familien- und Berufszeiten durcheinander. Für die Behandlung der Krebserkrankung war es erforderlich eine Chemotherapie zu machen. Die Behandlungen fanden täglich statt. Ob und inwieweit ich nach den Behandlungen mich überhaupt meinem Mann und den Kindern zuwenden konnte, war ungewiss. Versprechen konnte ich nichts. Dann kamen noch die täglichen Termine für eine anschließende Bestrahlung hinzu. Gedanklich konnte ich nur noch auf einer Ebene operieren: Jetzt ging es nur noch um mich und um die Frage, wie ich wieder gesund werden kann.

Nach der Chemotherapie und Bestrahlung spürte ich den Wunsch für vier Wochen einen Ashram in Indien zu besuchen. Dieser Wunsch reifte in mir so lange, bis ich mir sicher war, dass ich mir diesen Wunsch erfüllen muss. Ich stellte mir vor: Im Ashram wird morgens, mittags und abends meditiert. Das Essen ist vegetarisch und die Zimmer sind karg eingerichtet. Das machte mich anfangs zögerlich. Doch drängender waren die Fragen: "Was wird meine Familie dazu sagen? Wird sie Verständnis haben? Werden mein Mann und meine Kinder Diskussionen lostreten und Rechtfertigungen von mir verlangen? Wie kann ich den Kindern erklären, dass ich mir jetzt Zeit für mich nehme?" Da waren aber auch Zweifel an mir selbst: „ Sind mir die Kinder nicht mehr wichtig? Nehme ich ihnen etwas weg, wenn ich mich jetzt um mich kümmere? Kann ich mich überhaupt erklären?"

Für mich war die Situation jedoch klar: Wenn ich mich jetzt zeitweise aus der Familie zurückziehe, ist es vielleicht auch eine Erholung für alle. Und eine Krebserkrankung ist für mich die letzte Ermutigung, jetzt mein Leben zu leben. Dieser Aufenthalt ist lebens-not-wendend für mich! Trotz ständiger Zweifel an der Berechtigung meines Wunsches verstärkte sich das Gefühl: "Ich muss da hin!" egal, was sie sagen würden. Ich dachte immer mutiger:" Ich muss da hinfahren, um zu leben."

Dieses Gefühl unterstützte mich dabei, meiner Familie mitzuteilen, was ich vorhatte. Klopfenden Herzens - und das Wort „Mut" im Hinterkopf - sprach ich beim Essen darüber, wie wichtig es für meine Gesundheit sei, diese Reise anzutreten. Wie ich es mir vorgestellt hatte, kamen die Einwände: „Musst Du denn im November fahren? Da haben wir keine Ferien und müssen zuhause bleiben. Wer soll das Essen kochen und unsere

Hausaufgaben nachsehen?“ Ich war entschlossen nicht umzufallen und das war auch gut so. Je entschiedener ich nämlich auftrat, desto schwächer wurden die Einwände. Ich hatte mich schließlich durchgesetzt und damit einen neuen Platz in der Familie eingenommen. Doch etwa vier Wochen vor dem Reisetermin wurde die Reise abgesagt. Es hatten sich zu wenige Teilnehmer dafür angemeldet.

Die Botschaft des Lebens deuten

Als Schülerin des Lebens nehme ich heute zur Kenntnis, dass ich eine Zeit für mich haben sollte, um zu mir zu finden. Damals war ich mir jedoch noch nicht des Prinzips, Schülerin des Lebens zu sein, bewusst. Eher kalkulierte ich das Risiko nach dem Motto „Mehr als ein Nein kann dir nicht passieren“. So wollte ich durch die Situation hindurch gehen. Ich konnte nur gewinnen und nichts verlieren, was ich ohnehin noch nicht hatte.

Dennoch bewegte mich die Frage: Warum wurde die Reise abgesagt, da sie für mich doch so wichtig war? Was wollte das Leben mir damit sagen? - Durch meine Krankheit lernte ich, dass ich einen Wunsch haben darf und diesen Wunsch auch in der Familie durchsetzen kann. Das war für mich keineswegs selbstverständlich. Dies musste ich erst in der Schule des Lebens erfahren, um es glauben und annehmen zu können.

Heute weiß ich, was mir das Leben sagen wollte: Nutze deine Krankheit auch als Chance deinen Platz in der Familie zu finden! Besteh auf deinem Recht dein eigenes Leben in der Familie zu leben und eigene Interessen und Ansprüche vorzutragen! Erwarte auch von deiner Familie, dass sie es respektiert, wenn du nicht nur für sie da bist! Nachdem ich diese Botschaft des

Lebens verstanden hatte, war es nicht mehr nötig, in den Ashram nach Indien zu fahren.

Loslassen was frei sein will

Es entsprach meiner Vorstellung von einer Mutter, dass sie immer für ihre Kinder da sein muss, wenn diese es wünschen oder wenn sie ihre Mutter brauchen. Tut sie das nicht, verletzt sie ihre Pflichten, die sie mit der Geburt ihrer Kinder übernommen hat.

Aus dieser Einstellung heraus konnte ich nur das Recht der Kinder - oder das, was ich dafür hielt - erkennen. Das Leben drehte jedoch den Spiegel gegen mich und zeigte mir ein anderes Bild. In diesem Bild war ich dabei, mich und meine Kinder aus dem engmaschigen familiären Geflecht von Erwartungen und Erwartungserwartungen zu entlassen. Indem ich ihren Erwartungen nicht wie gewohnt entsprach, löste ich mich aus diesem Geflecht und setzte mich frei für mein Leben in der Familie.

Zugleich ließ ich meine Kinder los, damit sie sich zukünftig stärker selbst um sich und ihre eigenen Belange kümmern können. Nachdem ich diese Lehre des Lebens verstanden hatte und meine innere Einstellung zum Leben in der Familie überprüft und verändert hatte, war die Reise nach Indien in der Tat überflüssig geworden. „Loslassen-Können" wurde so zu einem wichtigen Thema für meine Arbeit als Lebensberaterin.

Das Loslassen ist auch deshalb wichtig, weil wir viel Energie verlieren, wenn wir uns an Dingen festhalten, die nicht oder nicht mehr zu halten sind. Diese Energie, die wir uns erhalten, können wir zu unserer eigenen Stärkung verwenden. Diese Stärkung kann dann auch dem Immunsystem zugute kommen.

Wie ich mit meinen Patientinnen und Patienten an diesem Thema arbeite, können folgende Leitfragen anzeigen.

Energie wird blockiert, wenn...	Loslassen heißt dann:
ich den Ist-Zustand nicht akzeptiere und im Konflikt verharre	Ich akzeptiere den Ist-Zustand als Botschaft des Lebens
ich verurteile, d.h. das Ganze in zwei Teile aufteile: Urteilen bedeutet Trennung	Ich bin frei von Beurteilung
ich mich mit anderen vergleiche	Jeder hat seine eigene Lebensaufgabe
ich mich über andere Menschen ärgere und negative Gefühle erzeuge	Die Erwartungen an andere Menschen zurückstellen
ich kämpfe. Dann bin ich verkrampft und die Energie kann nicht frei fließen	Ich bin mir meiner Stärke bewusst und muss mich nicht beweisen.
ich Angst habe z.B. vor Misserfolg, denn Angst heißt Festhalten und anderen Macht geben	Ich vertraue auf mich und meine Möglichkeiten erfolgreich zu sein.
ich Schuldgefühle habe und eine Last aus der Vergangenheit trage	Ich habe mein Bestes gegeben, was ich zu der Zeit geben konnte.

Loslassen und das eigene Glück finden

Das Thema „Loslassen" ist ein zentrales Thema in meiner Arbeit als Lebensberaterin. Um das Loslassen zu unterstützen, setze ich die Visualisierung ein. Folgendes Beispiel für eine Visualisierung soll die Vorgehensweise anzeigen:

- *Ich bin ganz ruhig, mein Körper ist bewegungslos.*
  Ich lasse mich sinken - ich sinke in mich hinein.
- *Ich sinke in meine lichte Innenwelt.*
- *Dort erkenne ich eine Wiese. Ich gehe zu dieser Wiese,*

betrete sie und nehme alles um mich herum wahr.
Ich nehme die Wiese mit all meinen Sinnen auf.
Ich spüre das Gras unter meinen Füßen, die warme Sonne auf meiner Haut.
Ich höre die Vögel zwitschern und die Blätter im Wald rauschen.

- *Ich atme die frische und reine Luft tief ein. Ich fühle mich wohl. Hier finde ich Frieden, Ruhe und Harmonie - ich kann loslassen, kann alles loslassen.*
- *Ich höre eine Quelle sprudeln und mache mich auf den Weg, sie zu suchen.*
  Unter einem großen Baum sehe ich, wie das Wasser aus der Erde kommt. Das Wasser ist ganz rein und klar.
- *Ich trinke aus meiner Hand das kühle Wasser und spüre, wie es mich reinigt und klärt. Ich fühle mich so frei und wohl.*
- *Ich entkleide mich und steige ganz in die Quelle.*
  Ich nehme ein Bad, tauche ganz in das Wasser ein.
  Ich genieße das wohltuende Bad und spüre,
  wie das Wasser mein ganzes Sein reinigt.
- *Es ist leicht, hier alles loszulassen, was nicht zu mir gehört. Ich spüre, wie das Wasser mein ganzes Sein reinigt und klärt und alles aufnimmt, was ich loslasse.*
- *Ich mache mir die befreiende Wirkung des Bades noch einmal bewusst, dann steige ich gereinigt und geklärt aus dem Wasser.*
- *Ich kleide mich in ein neues Gewand der inneren Ruhe und Harmonie. Ich fühle mich unendlich wohl.*
- *In der Nähe sehe ich einen Berg - ich mache mich auf den Weg zu diesem Berg. Am Fuße angekommen, sehe ich einen Weg, der zum Gipfel führt.*
- *Ich gehe aufwärts - mit ruhigen und gleichmäßigen*

Schritten. Und mit jedem Schritt erhebt sich mein Bewusstsein. Nach einiger Zeit habe ich den Gipfel erreicht - der Gipfel ist ganz in Licht getaucht.

- *Ich breite meine Arme aus und wende mich ganz dem Licht zu. Ich spüre, wie dieses strahlende Licht meinen ganzen Körper reinigt und klärt.*
- *Mein ganzes Sein ist Licht.*
- *Durch das äußere Licht wird mein eigenes inneres Licht zum Leuchten gebracht - es ist hell und strahlend, ein warmes Licht.*
- *Mein eigenes Licht strahlt über meinen Körper hinaus und wird eins mit dem kosmischen Licht. Ich bin ganz bewusst, bin eins mit dem Licht.*
- *In dieser Einheit mit dem Licht öffnet sich mein Bewusstsein ganz weit und wird eins mit dem kosmischen Bewusstsein.*
- *In der Einheit mit dem Licht, in der Einheit mit dem kosmischen Bewusstsein übergebe ich dem Universum alles, was ich loslassen möchte und was nicht mehr zu mir gehört.*
- *Ich sehe, wie alles, was ich loslasse, im Feuer der Liebe aufgelöst wird.*
- *Eines nach dem anderen übergebe ich und sehe zu, wie es im Feuer der Liebe verbrennt.*
  Voller Dankbarkeit übergebe ich dem Universum alles, was ich loslassen möchte, was nicht mehr zu mir gehört.
- *Während ich zusehe, wie alles im Feuer der Liebe aufgelöst wird, spüre ich, wie ich frei werde.*
- *Ich bin endlich frei - frei von allem, was nicht mehr zu mir gehört.*
- *Ich habe es dem Universum übergeben und habe losgelassen. Endlich bin ich frei.*
- *Wenn ich eine Frage habe, kann ich sie in der Einheit mit*

dem Licht und dem kosmischen Bewusstsein an das Universum richten.

- *Während ich frage, spüre ich bereits in mir die Antwort, die mir durch meine innere Gewissheit gegeben wird.*
- *Vielleicht erkenne ich in dieser Gewissheit noch etwas, das ich loslassen möchte.*
  Ich nutze diese Chance und übergebe auch diesen Ballast dem Universum.
- *Und ich danke dem Universum für seine Liebe, die mich frei macht.*
- *Von nun an lebe ich in dieser Liebe und Geborgenheit.*
  Ich lasse zu, dass diese Liebe in mir wirkt.
  Ich lasse dieses wunderbare Gefühl der Harmonie, des Friedens und der Liebe in mir wirken.
- *Dann löse ich mich behutsam aus diesem Erlebnis und kehre zurück in das Hier und Jetzt.*
  Ich bin frei, leicht und voller Frieden.

(vgl. Tepperwein 1994, S. 110)

Das soziale Umfeld verändern

Das soziale Umfeld zerbricht

Mit meinem Wohnortwechsel nach Hamburg gab ich mein soziales Umfeld auf. Die bisherigen Freunde wohnten jetzt mehr als 400 Kilometer entfernt, waren durchweg Singles oder lebten in Partnerschaften ohne Kinder, waren berufs- und freizeitorientiert, pflegten ihre sozialen Kontakte spontan und eher unverbindlich. Von Freundschaften zu reden, fiel nicht immer leicht.

In Hamburg bekam ich dann meine drei Kinder. Bei Müttern mit mehreren Kindern ergeben sich die meisten Sozialkontakte über die Kinder. So erging es auch mir in Hamburg. Neben den beruflichen Verbindungen zu anderen Menschen knüpfte ich die ersten Sozialkontakte zu Müttern mit kleinen Kindern in der Nachbarschaft. Weitere Mütter und Väter traf ich dann im Kindergarten und später in der Schule.

Meine Kinder zentrierten mein soziales Umfeld: Man traf sich bei Kindergeburtstagen, tauschte die Kleidung der Heranwachsenden, veranstaltete Grillabende gleich neben dem Kinderspielplatz, fuhr der Kinder wegen nach Cala Ratjada auf Mallorca statt mit Freunden nach Stockholm usw. Beruf und Kinder stellten mein neues soziales Umfeld bereit.

Als die Menschen in meinem neuen sozialen Umfeld von meiner Krebsdiagnose erfuhren, veränderte sich die Situation erneut. Nur selten wurde ich auf meine Krankheit angesprochen. Die meisten schwiegen. Vielleicht waren sie geschockt. Möglicherweise wussten sie aber auch nicht, wie sie jetzt mit mir umgehen sollten. Nur wenige nahmen mit mir Kontakt auf zumeist aus einem Gefühl von Mitleid, Anteilnahme oder der Verpflichtung zur Fürsorge. Gleichwohl spürte ich bei ihnen auch die Angst vor „dieser Krankheit" und ihre Unsicherheit, mir Hilfe anbieten zu wollen und zu können.

Nach der Krebsdiagnose fühlte ich mich sehr allein. Meine Krankheit war ein Tabu. Die Gespräche mit Freunden, Nachbarn und Bekannten wurden verhaltener, ein Zusammentreffen in der Öffentlichkeit seltener. Bei Begegnungen stand immer meine Krankheit zwischen uns. Kaum jemand sprach sie jedoch an.

Obwohl mir immer klar war, dass ich gesund werden wollte und ich meine Krankheit überwinden wollte, spürte ich, wie wichtig mir auch das „Wir" meines sozialen Umfeldes in dieser Situation war. Doch dieses Umfeld zerbrach nahezu lautlos.

Ein neues soziales Umfeld aufbauen

Die Erfahrung, dass sich mir nahe stehende Menschen aus meinem sozialen Umfeld zurückzogen, konfrontierte mich wieder mit der diesmal besonders schwer zu beantwortenden Frage: Was will dir das Leben damit sagen? Sehr vorsichtig suchte ich nach einer Antwort.

Zunächst einmal wollte mir das Leben sagen, dass ich aus meinem bisherigen sozialen Umfeld nicht die Unterstützung erwarten kann, die ich mir wünschte. Zu sehr hat meine Krebserkrankung auch die Menschen, die mir damals nahe standen, getroffen, irritiert und hilflos gemacht. Ich vermutete deshalb: Wenn ich soziale Unterstützung haben möchte, dann sollte ich diese suchen bei Menschen in vergleichbaren Lebenslagen! Denn diese Menschen haben vergleichbare Sorgen. Sie wissen, dass sie auf Unterstützung, Hilfe, Zuspruch und das Gespräch angewiesen sind. Sie haben auch vergleichbare Themen, die für sie gleichermaßen wichtig sind und über die sie miteinander reden wollen. Und diese Menschen haben jetzt, da sie krank sind, auch die Zeit dafür!

Für mich war es deshalb nahe liegend, Gruppen mit Krebsbetroffenen aufzusuchen. Doch auch hier machte ich die Erfahrung, dass die meisten Menschen zu sehr mit sich und ihrer Krankheit beschäftigt waren, als dass sie sich aufeinander orientieren, einander geduldig zuhören und einfühlen konnten. Ich bekam wichtige Informationen über die Behandlung von Krebserkrankungen. Eine Informationsbörse hatte ich jedoch nicht gesucht.

Allmählich wurde mir jedoch die Botschaft des Lebens klar: Du musst dir ein neues soziales Umfeld aufbauen, in dem dein Wunsch nach Gesundung und Gesundheit einen zentralen Platz einnehmen kann, du als Mensch wahrgenommen wirst, und dass sich nicht nur kurzzeitig um das gemeinsame Interesse an der Überwindung der Krankheit bildet!

Von der Ich-Einstellung zur Wir-Orientierung

Es ist vielleicht leicht an ein neues soziales Umfeld zu denken. Wie jedoch dieses soziale Umfeld aussehen könnte, das meine Gesundheit unterstützen könnte, wusste ich nicht. Aus den mir verbliebenen Fragmenten meines bisherigen Umfeldes versuchte ich mir zunächst gedanklich ein neues Gebilde zu schaffen.

Wiederum bot mir das Leben eine Hilfe an. Ich weiß nicht mehr genau, was mich zum Klavierspielen geführt hat. Jedenfalls hatte ich sehr spontan den Wunsch das Klavierspiel zu erlernen. Ich kaufte mir ein Piano und nahm Unterricht. Zunächst erlernte ich die grundlegenden Musikbegriffe und Fingerfertigkeiten. Dann begann ich einfache Tonkombinationen und Klangfolgen zu entdecken und auszuprobieren.

Dabei stellte sich eine Vision auf ein soziales Umfeld ein, das ich mir in meiner Situation so sehr wünschte. Ich sah mich selbst als ein Ton, den es jetzt galt mit anderen Tönen harmonisch zu kombinieren und zu neuen Klangfolgen zu verbinden. Der Ich-Ton musste dabei zu den anderen Tönen „passen", sonst würden Dissonanzen entstehen. Andererseits musste ich aber auch einen Ich-Ton abgeben können, der sich mit den anderen überhaupt harmonisch verbinden ließe. Eventuell müsste ich meinen Ich-Ton auch variieren, damit er in ein „Wir-Konzert" aufgenommen werden kann.

Die Vision lehrte mich, dass ich mein neues soziales Umfeld nur finden konnte, wenn ich meine bisherigen Einstellungen verändere und andererseits mich mit meinen veränderten Einstellungen verbinde mit Menschen, die - wie ich - auf der Suche nach ihrem Leben, nach Gesundheit und Lebensfreude sind.

Mit dieser Wir-Orientierung gelang es mir, neue Freunde und Freundinnen zu finden, mit denen ich mich auch jenseits von medizinischen Krankenbildern über unsere Gesundheit unterhalten kann, die ein starkes Interesse an den konzeptionellen Grundlagen meiner Tätigkeit als Lebensberaterin haben und die gerne einen Teil ihrer Zeit mit mir verbringen wollten. So konnte ich eine Wir-Orientierung auf unser Leben und ein Zusammenleben entwickeln, die wir jetzt gemeinsam teilen - Übrigens: Anstatt nach Cala Ratjada zu fliegen, verbringe ich meinen Urlaub jetzt tatsächlich lieber auf Südkreta!

Nach dem Gemeinsamem suchen

Freundschaften entstehen nur in sozialen Bereichen, die wir miteinander teilen können: gemeinsame Interessen, unsere Gedanken, gemeinsames Erleben und unsere gemeinsame Sprache, in der wir uns verständigen und verstehen. Es war nun meine weitere Lebensaufgabe, diese Bereiche zu finden. ´

Waren diese Bereiche früher in einem weiten Sinne durch meine Kinder bestimmt, war es jetzt meine Erkrankung, die mich mit anderen Menschen zusammenführte. Mit ihnen verbindet mich heute das gemeinsame Interesse an Fragen des Gesundwerdens und des Gesundbleibens. Wir tauschen uns aus über verschiedene Wege, zu uns selbst zu finden. Wir scheuen uns nicht auch ungewöhnliche Themen zu besprechen und dabei unkonventionelle Sichtweisen auf Leben und Gesundheit einzunehmen und auch in radikalen Alternativen zu denken.

So konnte ich zu der Einstellung finden, dass meine Krankheit mir nicht nur mein soziales Umfeld nahm, sondern mir auch die Möglichkeit bot, ein nun zu mir passendes soziales Umfeld zu finden. Das gelingt mir jetzt, indem ich meine Ohren öffne, neue Begegnungen suche, andere Menschen liebevoll beobachte, auf interessante Menschen zugehe und sie auch anspreche. Ich habe zudem gelernt, diese Menschen in „ökologischen Nischen" aufzusuchen, in denen sich Menschen gefunden haben, um ihr Leben leben zu können und ich prüfe, ob auch ich hier möglicherweise zumindest als Gast gern gesehen werde.

Veränderungen hell ausleuchten

Veränderungen im sozialen Umfeld greifen mitunter tief in die eigene Entwicklung ein. Sie sind mit neuen und überraschenden

Erfahrungen verbunden und in ihren Konsequenzen schwerlich vorherzusehen. Umso wichtiger ist es, sich für diese Veränderungen zu öffnen und sie annehmen zu können. Darauf bereite ich meine Patientinnen und Patienten mit folgender Visualisierung vor:

- *Ich schließe meine Augen.*
- *Ich weiß, ich bin jetzt hier in diesem Raum, ich bin auf diesem Platz, ich bin jetzt ganz bei mir. Was vorher war, was nachher kommt, ist jetzt bedeutungslos. Dies ist meine Zeit, und ich bin jetzt ganz offen für das, was geschehen wird, und was auch immer geschieht, dient zu meinem Bestem.*
- *Ich darf jetzt einmal loslassen, ich darf die Last einmal absetzen. Ich lasse die Geräusche los, die vielleicht von draußen an mein Ohr dringen, ich lasse die Verspannungen los, die ich vielleicht noch irgendwo spüre oder von denen ich weiß. Ich lasse meine Sorgen und Ängste los und all meine Gedanken.*
- *Für eine kleine Weile schaue ich jetzt meinem Atem zu, der mich seit meiner Geburt begleitet. Ich beobachte meinen Atem, wie er so von ganz alleine kommt und geht - kommt und geht - wie die Wellen am Meer. Ich beeinflusse meinen Atem nicht, sondern ich schaue zu, wie es mich atmet.*
- *Während ich so meiner Atmung zuschaue, fühle ich, wie es in mir still wird und wie Ruhe einkehrt. Aus dieser Ruhe heraus öffne ich meine Augen nun ein wenig und ich schaue in das Licht, das vor mir steht. Ich konzentriere mich ganz auf dieses Licht. Um mich herum versinkt alles zur Bedeutungslosigkeit, ich sehe nur das Licht.*
- *Und nun schließe ich meine Augen wieder und ich sehe jetzt das Licht mit meinem geistigen Auge in der Mitte meiner*

Stirn. In meiner Vorstellung lasse ich das Licht von dort zu meinem Herzen hinunter wandern, meinem wichtigsten Energiezentrum und ich beobachte dabei den Weg, den das Licht zu meinem Herzen hinunter erleuchtet. Und nun öffnet sich mein Herz dem Licht entgegen, wie eine Blüte, Blatt für Blatt, so dass das Licht mitten in mein Herz hineinstrahlen kann.

- *Und dieses Licht, das jetzt in mein Herz strahlt, macht mein Herz ganz weit und weich. Ich fühle die unendliche Liebe, den tiefen Frieden und die immerwährende Geborgenheit, die das Licht in meinem Herzen verbreitet. Dieses wundervolle Licht, welches in meinem Herzen zu leuchten angefangen hat, möchte sich nun gerne ausdehnen, und es beginnt aus meinem Herzen zu strömen, es fließt in meinen Brustraum und macht ihn leuchtend hell.*
- *Das Licht strömt weiter über meine Schultern in meine Arme und Hände bis in die Fingerspitzen, und so wird es in meinen Armen und Händen ganz hell. Licht aus meinem Herzen flutet in meinen Bauchraum und in meinen Unterleib und macht es dort ganz licht und klar.*
- *Das Licht strömt weiter in meine Beine und Füße bis zu den Zehenspitzen und so wird es in meinen Beinen und Füßen ganz hell. Aus der Quelle meines Herzens strömt das Licht nun zur Wurzel meiner Wirbelsäule, und von dort steigt das Licht wie eine Lichtsäule langsam nach oben und es sendet dabei helle Strahlen über meinen ganzen Rücken. Das Licht flutet weiter nach oben durch meinen Hals in meinen Kopf und macht es in meinem Kopf strahlend hell.*
- *Ich bin nun ganz von Licht erfüllt, und das Licht entfaltet seine heilende, reinigende und schützende Kraft, jetzt in diesem Augenblick, da wo es nötig ist.*
- *Dieses Licht von überirdischer Schönheit, das in mir zu*

strahlen angefangen hat, strahlt nun auch aus mir heraus, es hüllt mich ein, und in diesem Licht, was mich einhüllt, fühle ich mich ganz sicher und geborgen.

- *Das Licht, das mir ins Herz geschenkt wird, ist so viel, dass ich es gern weiter verschenken möchte. Ich denke an die Menschen, die ich liebe. Ich sehe sie vor meinem geistigen Auge und ich hülle sie in die Lichtstrahlen aus meinem Herzen ein, und ich weiß, das Licht tut diesen Menschen gut. Ich denke nun an die Menschen, mit denen ich nicht so gut zurecht komme. Ich sehe auch sie vor meinem geistigen Auge, und ich versuche, sie in die Lichtstrahlen aus meinem Herzen einzuhüllen und ich versuche dabei der heilenden und klärenden Kraft des Lichtes zu vertrauen.*
- *Ich sende nun Lichtstrahlen aus meinem Herzen in die ganze Schöpfung hinein, zu allen Menschen dieser Erde, den Tieren, den Pflanzen, Blumen und Bäumen, den Flüssen, Seen und Weltmeeren und schließlich umhülle ich diesen Planeten mit seiner Atmosphäre in Licht und das Licht entfaltet seine heilende, reinigende und schützende Kraft, jetzt in diesem Augenblick, da wo es nötig ist.*
- *Ich gehe nun mit meiner Aufmerksamkeit wieder in mein Herz zurück. Für eine kleine Weile bleibe ich noch in der Stille und schaue in Dankbarkeit auf das Licht, das noch immer in reichem Maße in mein Herz und aus meinem Herzen strömt. Negative und krankmachende Gedanken und Gefühle, die jetzt aus der Tiefe meiner Seele emporsteigen, darf ich in diesem Licht auflösen. Gedanken und Gefühle der allumfassenden Liebe, die jetzt in mir erwachen, darf ich in diesem Licht vermehren.*
- *Die Blüte meines Herzens schließt sich nun wieder ganz langsam und schützend um das Licht, das in meinem Herzen weiterstrahlt.*

- *Ich bedanke mich für die Erfahrung dieser Meditation. Mit der Gewissheit, dass göttliches Licht in meinem Herzen weiterstrahlt, dass es mich erfüllt, mich schützend umgibt und dass ich es verschenken darf, komme ich wieder zurück in mein Tagesbewusstsein und wenn ich bereit bin, öffne ich die Augen.*

(Anm.: Diese Visualisierung habe ich in der Habichtswaldklinik in Kassel 1997 kennengelernt.)

Das äußere Erscheinungsbild verändern

Innere Veränderungen nach außen tragen

Vor der Krebserkrankung sah mein Alltag so aus: Jeden Morgen klingelte der Wecker um 6 Uhr. Ich sprang auf, duschte und bereitete das Frühstück für die Familie vor. Dann wurden die Kinder in Schule bzw. Kindergarten verabschiedet und schließlich verließ ich das Haus.
Ich hatte einen kurzen Schulweg, den ich bei Wind und Wetter mit dem Fahrrad bewältigte. In der Schule angekommen, gab es oft noch etwas vorzubereiten oder Gespräche zu führen. Dann begann der Unterricht.

Mit Unterrichtsende konnte ich die Schüler und Schülerinnen nicht einfach hinter mir zurücklassen. Einzelne Schulkinder nahm ich gedanklich mit. Zu Hause angekommen, standen dann Telefongespräche mit deren Eltern an. Ich bereitete das Mittagessen vor. Meine eigenen Kinder kamen nach Hause, hatten Hunger und berichteten von ihren eigenen Schulerlebnissen.

Glücklicherweise konnte mich mein Mann aufgrund seiner flexiblen Arbeitszeit unterstützen. Dennoch fühlte ich mich ununterbrochen eingespannt und fand wenig Zeit und Muße für mich. Im Laufe der Zeit fiel mir das gar nicht mehr auf. So sehr hatte ich mich an diesen Zustand gewöhnt.

Ich hatte mich auch schon daran gewöhnt, mich nur noch wenig um mein Äußeres kümmern zu können. Dies vergaß ich im Laufe der Zeit schlichtweg. Zudem fand ich mich zu dick. Für mich war es in Ordnung, möglichst schwarze Kleidungsstücke zu kaufen, weil sie beliebig und schnell kombinierbar waren. Außerdem meinte ich, dass die Farbe schwarz schlank macht. Ich trug vorwiegend weite Hosen, weite Pullover, weite Oberteile, die auf keinen Fall meine Figur in Erscheinung treten ließen.

Ein Schlüsselerlebnis führte dazu, mehr auf mich zu achten: Einmal pro Woche hatte ich eine Hilfe im Haushalt. Damit sie gut und zügig arbeiten konnte, war es nötig, das Haus entsprechend vorzubereiten, d.h. den Müll zu entsorgen, die schmutzige Wäsche zu sammeln. Eines Tages war die Zeit sehr knapp. Ich hatte um 9 Uhr einen Termin und musste das Haus noch vorbereiten. Ich hetzte von Zimmer zu Zimmer, vom 1. Stock in den Keller zur Waschmaschine, mit Müll zur Mülltonne.

Als ich alles geschafft hatte, saß ich zeitgerecht im Auto und fuhr zu meinem Termin. Unterwegs merkte ich plötzlich, dass ich vollkommen vergessen hatte, mich äußerlich auf diesen Termin vorzubereiten. Ich war weder frisiert noch geschminkt noch hatte ich Schmuck angelegt. Das gab mir zu denken und sollte so nicht wieder vorkommen! Ich gab mir selbst die Erlaubnis: „Du darfst auch auf dich achten!“. Täglich sagte ich mir diesen Satz und lenkte dadurch die Aufmerksamkeit auf mich.

Mit meiner Krebserkrankung ließ der Druck durch meine beruflichen Verpflichtungen nach. Ich hatte mehr Zeit für mich und auch für die Pflege meines Äußeren. Eine Farb- und Stilberatung unterstützte die Veränderung meines Äußeren und dadurch auch mein Auftreten in der Öffentlichkeit. Ich konnte mich mehr zeigen und lernte es auszuhalten, wenn andere auf mich aufmerksam wurden und ich beobachtet wurde.

Die eigene Schönheit betrachten und annehmen

Als Schülerin des Lebens erkannte ich, dass ich mich mehr in den Mittelpunkt stellen durfte. Das konnte mir nur gelingen, wenn ich mich selbst mehr annehmen könnte, so wie ich war und immer mit dem Bestreben, mich von Tag zu Tag weiterzuentwickeln. Dies unterstützte ich dadurch, dass ich mir positive Eigenschaften an mir überlegte. Es sollten 25 sein, was ich schon als eine Herausforderung betrachtete, zumal ich 25 negative Eigenschaften viel schneller hätte benennen können. Außerdem nahm ich in meine Tagesplanung Zeit für mich auf sowohl für die morgendliche und abendliche Toilette als auch Zeit für Entspannung.

Die wichtigste Beziehung im Leben ist die Beziehung zu sich selbst. Louise Hay *(vgl. 1997, S. 48ff.)* macht dementsprechend folgende Vorschläge, Selbstliebe zu entdecken und zu leben:

- Beende jede Form der Kritik.
- Jage Dir selbst keine Angst ein.
- Werde Deine eigene beste Freundin.
- Behandle Dich, als würdest Du geliebt.
- Sorge gut für Deinen Körper.
- Bilde Dich.
- Baue Dir eine gesicherte finanzielle Zukunft.
- Sei kreativ.
- Stelle Freude und Glücklichsein ins Zentrum Deiner Aufmerksamkeit.
- Bewahre Dir Deine Integrität. Halte, was du versprichst.
- Entwickle eine starke spirituelle Verbindung mit dem Leben.

Um eine positivere Einstellung zu mir selbst zu bekommen, stelle ich mich auch heute jeden Tag mindestens einmal vor den Spiegel und sage zu meinem Spiegelbild: „Ich liebe Dich,

Gabriele." Dabei kann ich mich beobachten, mich anschauen und prüfen, ob ich mich mag, ob ich mir in die Augen schauen kann oder an diesem Tag lieber an mir vorbeischaue. Ein wichtiger Schritt ist jedoch für mich, mich immer so anzunehmen zu können, wie ich mich an diesem Tag sehe. Erst dadurch, dass ich mich selbst annehme, mich vielleicht sogar selbst in den Arm nehme, kann ich lernen, mich zu mögen und selbst zu lieben.

Zur Selbstliebe finden

Gesundwerden bedeutet für Krebskranke, dass sie ihre Selbstachtung, ihr Selbstwertgefühl und ihre Selbstliebe entdecken und unterstützen. In meiner Praxis für Lebensberatung unterstütze ich diesen Prozess mit folgender Visualisierung zur Selbstliebe:

- *Atme ein paar Mal tief ein und aus und sag zu dir: "Entspanne."*
- *Du merkst, wie sich die Entspannung über deinen ganzen Körper ausbreitet bis in die Fingerspitzen.., bis in die Zehenspitzen.. und auch dein Kopf ist ganz entspannt..*
- *Nun stell dir vor, jemand (ein Bekannter oder auch ein Unbekannte(r)) sieht dich in einer ganz alltäglichen Situation voller Liebe und Bewunderung an und sagt dir, was alle an dir wirklich mögen.*
- *Nun stell dir weiter vor, es kommen noch ein paar Menschen hinzu, die auch davon überzeugt sind, dass du ein wahrhaft großartiger Mensch bist. (Lass es einfach zu, lass es geschehen, auch wenn es dich verlegen macht.)*
- *Sieh, wie immer mehr Menschen herbeieilen und dich bewundern. Aus ihren Augen spricht tiefe Liebe und Hochachtung.*

- *Stell dir vor, du bist bei einer Parade oder auf einer Bühne und Menschenmassen, die dich alle lieben und verehren, jubeln dir zu und klatschen. Höre den Applaus in deinen Ohren klingen. Steh auf, verbeuge dich und danke den Menschen für ihre Unterstützung und Zuneigung.*

(nach Gawain 1984, S. 62)

Die Einstellung zur Partnerschaft verändern

Geben und Fordern in der Partnerschaft ausbalancieren

Vor meiner Krebserkrankung war ich berufstätig und zugleich Mutter und Hausfrau. Mit der Entscheidung für diese Doppelrolle glaubte ich einen wichtigen Schritt zur Gleichstellung mit meinem Partner getan zu haben, dessen Selbstbewusstsein sehr stark von beruflichen Erfolgen und der damit einhergehenden sozialen Anerkennung bestimmt war. Mich beruflich zu engagieren und im Beruf erfolgreich zu sein, war mir immer ein zentrales Anliegen, zumal ich an meiner eigenen Mutter beobachten konnte, wie unzufrieden sie damit war, sich allein mit der Rolle der Hausfrau bescheiden zu müssen. Sie hatte zwar auch einen Beruf ausgeübt, diesen aber für Partner und Kinder aufgegeben.

Für das Miteinander mit Partner und Kindern reichte es mir, dass ich die alltäglichen Routinen halbwegs zufrieden stellend bewältigen konnte. Meinem Partner war meine Art den Alltag „zu verwalten" aber wohl nicht genug. Allmählich und schließlich kontinuierlich wurde von ihm vorgegeben, was zu machen und wie dabei vorzugehen war. Seine Vorgaben betrafen die Haushaltsführung, die Urlaubsplanung, die Kindererziehung und griffen schließlich als „Rat-Schläge" sogar in meine berufliche Tätigkeit ein. Sie legten fest, was wir miteinander hatten und machten und was jeder von uns allein regeln sollte. Ich tat, was mir aufgetragen wurde und schluckte dabei „viele Kröten". Mir fehlte aber auch der Mut darüber zu reden und meine Wünsche und Erwartungen auszusprechen. Ich wollte meinem Partner gefallen, äußerlich wie innerlich. Vielleicht trieb mich auch meine Angst, er könnte gehen, wenn er fand, dass wir zu unterschiedlich wären.

Partnerschaft neu erfahren und offensiv mitgestalten

Vor meiner Krebserkrankung habe ich mir nicht die Fragen gestellt, was ich meinem Partner biete, ob ich ihm eine gute Partnerin bin, was ich bereit bin für ihn aufzugeben und was nicht. Es ging mir nur darum, es ihm und den Kindern recht zu machen.

Mit der Krebsdiagnose lernte ich als Schülerin des Lebens dann jedoch eine andere Dimension von Partnerschaft kennen. Sofort fragte ich mich, wie mein Partner reagieren würde, wenn ich mich einer Brustoperation und ggf. auch einer Brustamputation unterziehen müsste. Wie wichtig ist ihm mein Äußeres? Findet er mich auch dann noch sexuell attraktiv? Und was kann ich tun, damit ich mich nach einer Operation noch attraktiv finde?

Mit der Krebserkrankung veränderte sich jedoch die Sichtweise auf meine Situation. Bisher ging ich immer davon aus, dass ein Eingriff in meinen Körper mich weniger attraktiv macht und unsere Partnerschaft in jedem Fall Risse bekommen würde. In dieser Sichtweise ging es mir nur um eine Schadensbegrenzung, wenn ich an meine Krankheit und das Zusammenleben mit meinem Partner dachte.

Durch meine Erkrankung stellte sich jedoch allmählich die Einsicht ein, dass ich doch auch ein Teil der Partnerschaft bin und deshalb daran mitarbeiten kann und auch mitarbeiten darf. Mir wurde bewusst, dass ich es nicht allein meinem Partner überlassen kann, sich mit der Situation abzufinden und zu entscheiden, ob und ggf. wie er damit zurecht kommt. Ich wollte nicht nur die Situation annehmen und deren vermeintlich zwangsläufige Folgen akzeptieren lernen. Ich wollte meine Partnerschaft dynamisch machen und lebendig halten, sie unter vielleicht schwierigeren Bedingungen aktiv und offensiv mitgestalten und entwickeln helfen, dabei aber bei mir bleiben und mich nicht verbiegen müssen. Für mich war klar: Ein Zurück in die vor der Krebserkrankung gelebte Partnerschaft kam für mich nicht mehr in Frage!

Mit der Krebserkrankung veränderte sich meine Einstellung von einer möglichst harmonischen Ein- und Anpassung an den Partner zu einer lebendigen Partnerschaft, die von der Kommunikation lebt und sich durch Aussprachen vorwärts bewegt. Diese Aussprachen erforderten jedoch den Mut von mir, Dinge, die mir wichtig waren, anzusprechen. Außerdem spürte ich, dass die gegenseitige Achtung ein Fundament für eine Partnerschaft ist. Jedoch war es nicht immer nur mein Partner, von dem ich mich nicht geachtet fühlte. Ich durfte auch meine Achtung ihm gegenüber überprüfen und mich in Achtung ihm gegenüber üben. So wurde es möglich, in dieser Partnerschaft Meinungsunterschiede nicht zu unterdrücken und Bewegungen zu erzeugen. Mögliche Konflikte können als gegenseitige Lernaufgaben gesehen und in Lösungen überführt werden. Dabei können folgende Fragen, die ich stelle, mich unterstützen:

- Will ich Seelenfrieden oder Konflikt erleben?
- Will ich Liebe oder Angst erleben?
- Will ich im Anderen Liebe entdecken oder Fehler?
- Will ich Liebe Gebender oder Liebe Suchender sein?
- Bin ich in meiner Kommunikation (verbal oder non-verbal) liebevoll zu dem Andern und zu mir selbst?

(Jampolsky 1981, S. 39)

Das Leben wies mich darauf hin, dass dies jetzt ein Teil meiner Lebensaufgabe sein müsse, mich trotz Krebserkrankung und möglicherweise bevorstehender Brustoperation selbst zu achten. Denn nur, wenn ich mich selbst achte, wird mich auch mein Partner achten. Nur wenn ich davon überzeugt sein kann, dass ich eine ideale Partnerin sein kann, kann auch mein Mann der ideale Partner für mich sein.

Nachdem ich diese Lehren des Lebens annehmen konnte, fühlte ich mich auch vorbereitet auf die Zeit nach der Brustoperation. Das Leben hat es aber gut mit mir gemeint: Es hat mir als seine Schülerin die Brustamputation dann doch erspart!

Sich dem Partner zuwenden

Krebserkrankungen stellen Partnerschaften immer auf den Prüfstand. Sie zeigen deren Belastbarkeit an. Durch meine Erkrankung und Genesung habe ich die damit einhergehenden Probleme in der Partnerschaft auf zweifache Art und Weise in neue Möglichkeiten verwandeln können: Ich lernte mich als Teil meiner Partnerschaft zu sehen und zu verstehen, sie mitzugestalten anstatt mich anzupassen. Zudem erfuhr ich, dass meine Mitgestaltung einer lebendigen Partnerschaft nicht nur erforderlich ist, sondern auch von meinem Partner gewünscht wird.
Mit diesen neuen Erfahrungen lernte ich meinen Partner zu achten und fand damit auch zu meiner Selbstachtung zurück. Sich-dem-Partner-Zuwenden ist aber kein einmaliger Vorgang. Es ist ein ständiger Prozess in einer Partnerschaft, der durch eine Krebserkrankung wieder entdeckt werden kann, der jedoch die Gesundung in der Partnerschaft ständig begleitet. Heute weiß ich, dass Zuwendung in der Partnerschaft Glück bedeutet, welches Krebserkrankte in besonderem Maße brauchen, um gesund zu werden.

Mit Intuition die Partnerschaft unterstützen

Auch in der Partnerschaft sehen wir uns möglicherweise schwierigen Fragen gegenüber, von denen wir nicht wissen, wie wir uns entscheiden sollen , welchen Weg wir gehen können.
Hier kann uns folgende Visualisierung zur Intuition, zur inneren Weisheit, weiterhelfen.

- *Entspanne dich mit dem Rhythmus deines Atems.*
- *Mit diesem Rhythmus gehst du nach und nach in einen tieferen Entspannungszustand.*
- *Nun stelle dir vor, dass du an deinem Ort der Geborgenheit bist, den Ort, an dem du dich wohl fühlst, sicher und geschützt.*
- *Und während du dich nun an diesem deinen speziellen Ort entspannen kannst.. auf deine eigene Weise, in deinem eigenen Zeitmass, stell dich darauf ein, deine Intuition, deine innere Weisheit anzurufen und sie um Hilfe und Führung zu bitten.*
- *Und während du das tust, stell dir vor, deine innere Weisheit hört auf dich und antwortet auf deinen Hilferuf.*
- *Lass zu, dass deine innere Weisheit irgendeine beliebige Form annehmen kann .. sie kann ein verstorbener Freund sein oder eine spirituelle oder religiöse Figur, sie kann ein alter Mensch sein.. oder ein junger.. oder vielleicht ein Tier .. ein Symbol.. oder ein Licht*
- *Deine innere Weisheit kann die Form eines Gedankens annehmen, sie kann als eine leise, ruhige Stimme vernehmlich sein oder der das Gefühl vermitteln, etwas oder jemand sei zugegen. Gib dir Zeit und lass deine innere Weisheit zu dir kommen, damit du sie sehen oder hören oder fühlen und mit ihr sprechen oder Kontakt aufnehmen kannst...*

- *Gestatte dir dabei, deine innere Weisheit auf deine ganz persönliche Art wahrzunehmen, in dem Wissen, dass sie dir eine Botschaft der Liebe aus dem Universum bringt..*
- *Und wenn dir die erste Gestalt, die sich zeigt, nicht genehm ist, dann geh weiter zu einer anderen. Du wirst es von selbst merken, wenn du den Kontakt zum Boten hergestellt hast; du wirst ein Gefühl der Richtigkeit erleben.*
- *Und wenn du soweit bist, stell die Fragen, die du auf dem Herzen hast.*
- *Vielleicht die Frage, was du brauchst, um gesund zu werden, oder was du tun könntest, um dich am besten um dich selbst zu kümmern, oder was du zuerst verändern könntest..*
- *Ganz gleich, was du wissen möchtest, jede Frage ist richtig...*
- *Sobald du eine Antwort erhalten hast, stelle fest, ob sie sich richtig anfühlt.. Wenn nicht, fahr weiter fort, deine Frage zu stellen .. und tu dies mit dem Wissen, dass die wahren Antworten mit einem gewissen Gefühl einhergehen .. mit dem Gefühl: „Ja, genau. Ich weiß, dass das stimmt!" Zwar: Die wahren Antworten kommen nicht immer sofort, aber sie kommen, und sie tun das mit einem Gefühl der Einsicht.*
- *Entscheide und entschließe Dich, dass Du diese Antworten, die von diesem Gefühl begleitet waren, wirklich in die Tat umsetzst und lege einen Zeitpunkt fest, wann Du damit beginnst... nicht zu bald und nicht zu spät..*
- *Wenn Du keine Antwort bekommen hast, die von diesem Gefühl der Stimmigkeit begleitet war, aber die Lebensumstände von Dir verlangen, dass Du handelst, dann gib Dir selbst die bestmögliche Antwort, die Du Dir zu diesem Zeitpunkt geben kannst. Setze auch da einen Zeitpunkt fest, wann Du das tust ... wieder nicht zu früh und nicht zu spät*

- *Wenn Du nun also vorwärts gehst und die bestmögliche Antwort, die Du findest in die Tat umsetzst, bleibe weiterhin offen für die Hilfe und die Führung, die uns immer umgibt.*
- *Bitte um Hilfe, bleibe offen und achte die Hilfe, wenn sie kommt.*
- *Und lass Dir die Zeit, die Du brauchst, um die Kraft und die Ruhe aufzubringen, um mit Deiner inneren Weisheit umzugehen.*
- *Entspanne Dich und kehre mit Deiner Aufmerksamkeit jetzt allmählich wieder hier in den Raum zurück, auf Deinen Platz.*
- *Wenn Du bereit bist, öffne die Augen und bringe Ruhe und Frieden in deinen Alltag ein.*

(nach Simonton 1993, S. 109ff.).

Schlusswort

Krebserkrankungen sind Grenzerfahrungen. Sie führen uns Betroffene an die Grenzen unseres Wissens über die Art der Erkrankung, deren Verlauf und die Chancen einer Heilung. Sie lösen in uns Gefühle aus, wie wir sie in dieser Intensität noch nicht erlebt haben. Und sie sind Extrembelastungen für unsere Beziehungen zu anderen Menschen.

Krebserkrankte müssen ständig mit der Unsicherheit leben, über die Ursachen und den zu erwartenden Verlauf der eigenen Krankheit wenig zu wissen. Die Heilungschancen kann uns der behandelnde Arzt mit Hilfe von Statistiken erklären: Doch was weiß ein Krebspatient wirklich über seine Heilungschancen, nachdem ihm die Statistiken vorgelegt wurden? Weiß er, ob er zu den Überlebenden gehören wird oder zu denen, die es nicht schaffen werden? Weiß er überhaupt, wie er seine Gesundung und den behandelnden Arzt unterstützen kann?

Krebserkrankungen sind auch Grenzerfahrungen der Gefühle. Am Anfang steht die bedrückende Vermutung, möglicherweise an Krebs erkrankt zu sein. Dann kommt die schockierende Gewissheit durch die Krebsdiagnose. Es folgen Verzweiflung, Trauer und Resignation im Wechsel mit Hoffnung und Euphorie.

Bei denen, die uns bisher im Leben begleitet haben, beobachten wir eine bisher nicht gekannte Rat- und Hilflosigkeit. Schweigen aus tiefer Betroffenheit löst die ermunternde Aussprache ab. Wegen der Belastungen, die unserem Partner und den Kindern durch die Krankheit zugemutet werden, stellen sich Schuldgefühle ein.

Krebserkrankung als Grenzerfahrung bietet aber auch die Chance zu erfahren, was jenseits der Grenze von Krankheit liegt. Ich durfte diese Erfahrung machen als Leben in der Gesundheit. Hierfür musste ich jedoch die Grenzen meines bisherigen Denkens, Fühlens und Wollens, die mir durch das Bild von Krebs als Krankheit gezogen waren, überschreiten und gesund werden dadurch, dass ich mehr meiner inneren Stimme als dem Verstand gefolgt bin.

Ich bin dafür dankbar, dass ich diese Grenze von der Krankheit zur Gesundheit überschreiten durfte. Ich bin auch dankbar dafür, dass ich durch meine Krankheit den Mut gefunden habe, mich zu verändern. In diesem Mut unterstütze ich alle von Krebs Betroffenen, damit auch sie zu ihrem eigenen Weg zur Gesundheit finden und diesen Weg gehen können.

Mein Dank gilt in besonderem Maße meiner Familie, insbesondere meinem Mann, der mich auf meinem Weg unterstützte, indem ich das machen konnte, was ich für mich als richtig erachtete.

Mein Dank gilt außerdem meinen mich damals behandelnden Professor, der mir viel Verständnis entgegen brachte, sowie meinen Therapeuten und Ausbildern, die mich auf meinem Weg begleiteten.

Last but not least bin ich meinen Patienten und Patientinnen dankbar, dass sie sich mir anvertraut haben und ich ihnen helfen durfte.

Literatur

Beattie, M. (1991): Kraft zum Loslassen, 21. Auflage, München (Heyne)

Byrne, R. (2007): The Secret, 1. Auflage, München (Goldmann)

Byron, K. (2006): Über Liebe, Sex und Beziehungen, 1. Auflage, München (Goldmann)

Egli, R. (1996): Das Lola-Prinzip, 6. Auflage, Oetwil (CH) (Editions d´Olt)

Gawain, S. (1994): Gesund denken, 4. Auflage, München (Heyne)

Gawain, S. (2005): Reflexionen im Licht, 1. Auflage, Kreuzlingen/München (Hugendubel)

Hay, L. (1989): Gesundheit für Körper und Seele, 29. Auflage, München (Heyne)

Hay, L. (1996): Heile Deinen Körper, 35. Auflage, Freiburg i. Br. (Verlag Alf Lüchow)

Hay, L. (1997): Die Kraft einer Frau, München (Heyne)

Hay, L. (2001): Wahre Kraft kommt von innen, 12. Auflage, München (Heyne)

Hay, L. (2003): Du kannst es!, München-Zürich, (Verlag Integral)

Hirshberg, C., Barasch, M. I. (1997): Gesund werden aus eigener Kraft, München (Knaur)

Irmey, G. (2005): 110 wirksame Behandlungsmöglichkeiten bei Krebs, Stuttgart (Karl F. Haug)

Irmey, G. (2007): Heilimpulse bei Krebs, Stuttgart (Karl F. Haug)

Jampolsky, G. S. (1987): Lieben heißt die Angst verlieren, München (Goldmann)

Jampolsky, G. (2000): Verzeihen ist die größte Heilung, 2. Auflage, München (Econ Ullstein List)

Mohr, B. (2007): Das Universum, das Wünschen und die Liebe, München-Zürich (Ullstein)

Murphy, J. (1989): Die Praxis positiven Denkens, München (Goldmann)

Siegel, B. (1999): Mit der Seele heilen, 3. Auflage, München (Econ & List)

Simonton, O. C., Simonton Matthews, S., Creighton, J. (1982): Wieder gesund werden, 4. Auflage, Reinbek, (Rowohlt)

Simonton, O. C., (1993): Auf dem Wege der Besserung, 4. Auflage, Reinbek (Rowohlt)

Sixt, A. (2004): Endlich gesund!, München (Gräfe & Unzer)

Spezzano, Ch. (2001): Wenn es verletzt, ist es keine Liebe, 6. Auflage, Petersberg (vianova)

Tenfelde, G. W. (2007): Dem Leben vertrauen, in: **Rechlin, E.** (Hrsg.): Schlüssel zur Freiheit, (Grote Verlag Hamburg), S. 56 – 65

Tepperwein, K. (1992): Die Geistigen Gesetze, 16. Auflage, München (Goldmann)

Tepperwein, K. (1994): Loslassen, was nicht glücklich macht, 4. Auflage, Landsberg a. Lech (mgv)

Tepperwein, K. (2000): Die Botschaft Deines Körpers, 12. Auflage, Landsberg a. Lech (mvg)

Tepperwein, K. (2002): Der Weg zum Erfolg ist der Weg zu dir selbst, Landsberg a. Lech (mgv)

Van Delden, G. (2002): Mutter Erde trage mich, 3. Auflage, München (Heyne)

Dr. Gabriele W. Tenfelde,
Heilpraktikerin (Psychotherapie),
zertifizierte Simonton-Beraterin,
phänomenologisch-systemische
Familienstellerin,
Dipl. Lebensberaterin

gibt Seminare und hält Vorträge zum Thema „Heilsamer Umgang mit Krebs“ und zu Themen zur Lebenshilfe, wie z.B. „Die Macht der Gedanken“.

Weitere Informationen unter **www. tenfelde-akademie.de**

Im GROTE Verlag Hamburg sind folgende Titel erschienen:

Mut zum eigenen Weg

2006 / 92 Seiten, geb. Hardcover, 14,00 EUR
ISBN 9783980 904919
Herausgeber: Eckehard W. Rechlin
Schmiede-Edition - Band 1

In Zeiten turbulenten Wandels ist es am sichersten, konsequent auf die innere Stimme zu hören und den eigenen Weg zu gehen. Dies ist – bei aller sonstigen Unterschiedlichkeit – das Credo der neun Autorinnen und Autoren dieses Buches.
Alle sind sie aktiv unterwegs und mitten drin in ihrer Geschichte. Erfrischend unaufdringlich und mit großer persönlicher Offenheit schildern sie Schlüsselerlebnisse, Herausforderungen und Weichenstellungen ihres Berufs- und Lebensweges.

Schlüssel zur Freiheit

2007 / 96 Seiten, geb. Hardcover, 14,80 EUR
ISBN 9783980 904926
Herausgeber: Eckehard W. Rechlin
Schmiede-Edition - Band 2

Menschen aus unserer Mitte erzählen in spannenden Geschichten, wie sie ihren persönlichen Schlüssel zur Freiheit gesucht und gefunden haben. Wir begleiten sie auf manchmal holperigen Wegen, erleben Rückschläge und Umwege mit, sind gespannt, wie sie Hindernisse und Herausforderungen meistern werden. Oft sind Krisen zu überwinden, gesundheitliche oder berufliche, finanzielle oder familiäre, um den wichtigen Schlüssel zu entdecken – der manchmal noch nachgeschliffen werden muss, bis er richtig passt.

Rückweg mit leichtem Gepäck

Kurzgeschichten
Antje Eva Schnabl
2008 / 116 Seiten, Paperback, 9,80 EUR
ISBN 9783980 904933

Die Autorin stellt dem Leser in ihrem neuen Buch eine Sammlung von Kurzgeschichten zur Verfügung, die sie im Laufe der Jahre geschrieben hat und die verschiedene Themenbereiche unseres Alltags berühren.
Sie ist Ende der fünfziger Jahre in Havelberg geboren. Nach dem Jurastudium hat sie lange in Berlin gelebt. Seit Anfang der 90er Jahre wohnt sie mit ihrem Ehemann in der Nähe von Hamburg.